名人家风丛书

仁厚忠孝报国恩
——张之洞与张氏家风

本书系2015年马克思主义理论研究和建设工程重大项目暨国家社科基金重大项目"中华优秀传统文化的创造性转化与创新性发展研究"阶段性成果。

名人家风丛书

徐梓 主编

周丹 著

仁厚忠孝报国恩
——张之洞与张氏家风

中原出版传媒集团
中原传媒股份公司

大象出版社
·郑州·

图书在版编目(CIP)数据

仁厚忠孝报国恩：张之洞与张氏家风 / 周丹著. — 郑州：大象出版社, 2018.6 (2018.11 重印)
(名人家风丛书 / 徐梓主编)
ISBN 978-7-5347-9824-5

Ⅰ.①仁… Ⅱ.①周… Ⅲ.①家庭道德—中国②张之洞 (1837-1909) —家族—史料 Ⅳ.①B823.1②K820.9

中国版本图书馆 CIP 数据核字(2018)第 128934 号

名人家风丛书
徐 梓 主编
RENHOU ZHONGXIAO BAOGUOEN

仁厚忠孝报国恩
——张之洞与张氏家风
周 丹 著

出 版 人	王刘纯
总 策 划	郑强胜
责任编辑	梁金蓝　连　冠
责任校对	牛志远
书籍设计	王莉娟

出版发行　大象出版社(郑州市开元路16号　邮政编码450044)
　　　　　发行科　0371-63863551　总编室　0371-65597936
网　　址　www.daxiang.cn
印　　刷　洛阳和众印刷有限公司
经　　销　各地新华书店经销
开　　本　890mm×1240mm　　1/32
印　　张　7.125
字　　数　146 千字
版　　次　2018年6月第1版　2018年11月第2次印刷
定　　价　29.00元
若发现印、装质量问题，影响阅读，请与承印厂联系调换。
印厂地址　洛阳市高新区丰华路三号
邮政编码　471003　　　电话　0379-64606268

总　序

　　一个人有一个人的气质，一个国家有一个国家的性格。一个家庭在长期的延续过程中，也会形成自己独特的风气。这样一种看不见的风尚习惯、摸不着的精神风貌，以一种隐性的形态存在于特定家庭的日常生活之中，家庭成员的一举手、一投足，无不体现出这样一种习性。这就是家风。

　　"家风"一词，最早见于西晋著名文学家潘岳的诗中。与潘岳有"双璧"之称的夏侯湛，自恃文才超群，将《诗经》中有目无文的六篇"笙诗"补缀成篇。潘岳为与友人唱和，写作了《家风诗》。在这首诗中，作者通过歌颂祖德、称美自己的家族传统以自勉。

　　"家风"又称"门风"，这个词语在西晋出现并在随后流行，显然和"士族""世族""势族""大族""世家大族"成为社会上的统治力量有关。无论是以宗族为根基、以武力为特质的地方豪族，还是以官宦为标志、以文化为表征的名家大姓，他们政治上累世贵显，经济上广占土地，文化上世传家学,垄断了全社会的主要资源。除通过九品中正制和婚姻关系来维护门阀制度之外,他们还自矜门户、标树家风,用以抵御皇权和寒人的侵渔。正因为如此,两晋以后,这个词语渐次流行。从发轫之初,"家风"就往往和"门风"互用。我们可以将它理解为家庭的风气,将它看作一个家庭的传统、一个家庭的文化。

传统作为人类代代相传的行事方式,是从过去延传到现在的事物。没有经过较长时间的过滤和沉淀,就形成不了传统。在《论传统》的作者希尔斯看来,至少要持续三代人,才能成为传统。尽管世代本身的长短不一,但无论是信仰还是行动范式要成为传统,至少需要三代人的两次延传。家风作为特定家庭的传统,是该家庭长时期历史汰选、传统沉淀的结果,是一辈又一辈先人生活的结晶。在历史文献中,"家风"或与"世德"共举,或与"世业"并称,足见家风有别于时尚,而与"世"即很多年代、好几辈子紧密关联。在时间上持续的短暂性是时尚的特征,而家风则是历经延传并持久存在,或者在子孙后代身上一再出现的东西。正是在这个意义上,历史文献中提及"家风"一词,往往蕴含对传统的继承。如比比皆是的"不坠家风""世守家风""克绍家风""世其家风"及"家风克嗣"等,无不体现了这一特点。

有一种观点认为,家风必须是健康的、积极向上的,否则,不能称之为家风。实际上,这只是说者的一种期许、一种渴盼,家风本身并不蕴含这样的意味。否则,"良好家风"就是毫无意义的同义反复。正如"文化"是使民族之间表现出差异性的东西,时时表现着一个民族的自我和特色一样,家风作为家庭的文化和传统,表现的也是一个家庭的气质和风习,反映出一个家庭与其他家庭的不同之处。它完全是一个中性的概念，并不必然具有正面的意义。有的家风可能是勤奋俭朴、为人忠厚、待人有礼，也有的家风可能是狡诈刻薄、游荡为非、跋扈凶横。如同一所学校、一个班级的风习我们称之为校风、班风，而校风有好坏之分，班风有高下之别，并不总是值得弘扬一样，家风同样也有不良的，并不都是传家宝。正因为如此，对家风或门风则就既有称誉，也有贬损。即便是在传统社会，被视为传家久、继世长的，也只有耕读、忠厚、清廉这样一些美好的品质。

的确，家风的特征在前现代、在乡村社会、在大家庭中表现得十分鲜明，格外生动，而在现代城市家庭中却不那么明显。但是，只要一个组织存在，就会有这个组织的文化，特别是这个组织如果有历史的厚重，有传统的积淀，就更是如此。作为家庭的文化，家风是附丽于家庭而存在的，只要有家庭，就会有家风。家风并不必然会因为农村的城市化、大家族被小家庭所取代而丧失，或者说，随着历史的演进，社会情势的变化，家风的具体内容肯定会有变化，但家风仍然会存在。在社会结构和家庭结构都发生了革命性变革的当今社会，人们感叹"家风"的荡然无存，其实是指家庭所秉持的"只耕田，只读书，自然富贵；不欠债，不健讼，何等安宁"这样一些古典原则的式微，是指"耕读两途，读可荣身耕可富；勤俭二字，勤能创业俭能盈"这样一些传统内容的沦落，是"志欲光前，惟是诗书教子；心存裕后，莫如勤俭传家"这样一些旧时理念的散淡，而不是家风本身的消逝。

此外，家风不同于家规。虽然这两个词都与家庭教育相关，但它们有着本质的差异。

家规是家庭或家族中的规矩，是家人所必须遵守的规范或法度，是父祖长辈为后代子孙所制定的立身处世、居家治生的原则和教条。它是借助尊长的权威，加之于子孙族众的又一重道德约束，有的甚至具有法律效力。它有家训、家诫、家仪、家教、家法、家约、家矩、家则、家政、家制等名义，有敬祖宗、睦宗族、教子孙、慎婚嫁、务本业、励勤奋、尚节俭等多方面的内容，是行于口头、针对性强的具体教诫，是见诸家书、目的明确的谆谆训诲，是载诸家谱、可供讽诵的文本规条。家规可以有多种分类，如：根据其表现形式，可以分为教诫活动的家规和文献形式的家规两种；根据内容，则可以分为针对一人一事、起因明确、内容具体、结果显豁的非规范性家规和针对整个人生、涉及方方面面的规范性家规。有的家规，着重家庭子弟的道德修养，教授为人处世要法；有的家规，集中居家治生，以至是祠堂、义庄、学塾等的管理规条。但无论如何，相对于家风，家规一个总的特点是有形的，是可视可见的。

一个家庭的家风有别于这个家庭世代相传的道德准则和处世方法，它是一个家庭的性格特征。虽然它一旦形成，也就成为教化的资源，对家族子弟具有熏染影响、沾溉浸濡的意义，但它是一种不必刻意教诫或传授，仅仅通过耳濡目染就能获得的精神气质，具有"润物细无声"的作用。历史文献中的"渐渍家风"，就极为生动形象地诠释了这一过程。通俗地说，我们可以把家规看作教化家人的教科书，而家风则是经由长期教化后的结果。

2014年春节期间，中央电视台的"家风"系列报道，引起了社会的热烈反响和高度认同。这一报道对于引导人们自觉省思，培植良好的家风，构建和谐的家庭关系，夯实家庭这一社会的堡垒，进而培养全社会的良风美俗，疗治现今社会的乱象，无疑具有积极的意义。正是基于这样一种用心，《寻根》杂志主编郑强胜代表大象出版社，约请我主编这套"名人家风丛书"。

第一辑十种出版之后，广受读者好评、社会欢迎。众多媒体都曾予以推荐，并入选国家新闻出版广电总局向全国青少年推荐百种优秀出版物、入选第二届中华优秀传统文化普及图书50种图书推荐目录，出版社也一印再印。受这种情势鼓舞，强胜兄按此前我们商议好的计划，不失时机地敦促我们启动了第二辑的编写工作。2016年5月18日，他给我发来了《"名人家风丛书"第二辑编写建议》，第二辑的编写工作由此启动。

受2015年马克思主义理论研究和建设工程重大项目暨国家社科基金重大项目"中华优秀传统文化的创造性转化与创新性发展研究"首席专家于丹教授的邀请，我担任了这一课题子课题"当代中国伦理文明与家教门风的重建"的负责人一职。本辑十种的编写，也是该子课题研究工作的一部分，并受到了该课题的资助，王立刚居中做了大量的工作。

本辑的编写者，依然主要是我的学生，也吸纳了个别对此有热情、有研究的朋友参加。由于时间仓促，特别是水平所限，其中肯定会有这样或那样的问题，诚挚地希望读者不吝赐教，以便我们把这项工作做得更好。

北京师范大学国学经典教育研究中心 徐梓

2018年1月

目录

引 言　1

第一章　家世渊源，祖辈耕读传家风　3
　　第一节　南皮张氏源流　4
　　第二节　父祖行状　9
　　第三节　祖辈留下的家风　15

第二章　科举生涯，族人教导立宏志　23
　　第一节　少年奇才　24
　　第二节　坎坷进士路　30
　　第三节　供职翰林院　37

第三章　三省学官，仁厚行事展清风　41
　　第一节　浙江乡试副主考　42
　　第二节　湖北学政　46
　　第三节　四川学政　50

第四章 "清流"健将，妙笔生花显身手　59

第一节　"青牛角"　60

第二节　巧解继统继嗣之争　64

第三节　平反东乡惨案　67

第四节　力阻崇厚卖国　70

第五节　扳回午门冤案　75

第五章 抚晋兴革，家传儒风平官场　81

第一节　整顿吏治　82

第二节　清理财政　86

第三节　禁戒烟毒　89

第四节　移情洋务　92

第六章 治粤抗法，力担重责宣国威　97

第一节　调和将帅，积极备战　98

第二节　战略援台　104

第三节　纳贤能大胜法国　107

第四节　洋务新政　116

第七章 督鄂图强，"中体西用"行洋务　127

第一节　兴实业　128

第二节　练新军　144

第三节　办教育　149

第八章　忠心报国，署理两江入中枢　165
　　第一节　甲午主战　166
　　第二节　东南互保　170
　　第三节　入参军机　175
　　第四节　驾鹤归西　180

第九章　家风继世，仁厚忠孝报国恩　185
　　第一节　《劝学篇》济世，《续辈诗》传家　186
　　第二节　清廉节俭的家风　193
　　第三节　"三不争"信条　199
　　第四节　临终前的遗嘱　203
　　第五节　家族人才辈出　206

参考文献　212

引 言

他有极其成功的人生：少年解元，青年探花，中年督抚，晚年宰辅。

他是翰林出身，曾数次担任学官、学政；无论居官何处，他都大力兴办教育。他制定了中国第一个近代学制，为国家选拔了大量人才，在当时被誉为"当今第一通晓学务之人"。

他生性耿直，身为言官，勇于针砭时弊，敢于纠弹朝中要员，赢得"青牛角"的美誉。

他任职湖广总督长达18年，成为唯一能与李鸿章抗衡，甚至在某些方面超越李鸿章的后起洋务大吏，被慈禧太后赞誉为"朝廷柱石"。

他的身份是一个复合体：兼实学与经学于一身。为调和东西方文化冲突，他大力倡导"中体西用"。

他对中国近代工业的发展可谓殚精竭力，也因此功勋卓著。他创办了亚洲最大的汉阳铁厂，督建京汉大铁路。毛泽东曾评价他为"讲到重工业不能忘记"的近代人物。

他严于治家，曾写下《续辈诗》作为后人取名依据："仁厚遵家法，忠良报国恩。通津为世用，明道守如珍。"这首诗成为后人坚守一生的准则。他还教育子女立身处世当以忠孝为先，以节俭为第一要务。

此人就是被誉为"晚清四大名臣"之一的张之洞。

第一章

家世渊源，祖辈耕读传家风

张之洞祖上数代为官，虽然职位并不显赫，但都留下了"清介廉能"的好名声。父亲张锳在教育子女时，重视传承清正家风。除了请名师教导，张锳还亲身教育孩子："贫，吾家风，汝等当力学！"可以说，父亲是张之洞最好的启蒙老师，他用自己的言行给孩子们做了榜样，父亲的教导对张之洞的一生产生了深远的影响。

第一节　南皮张氏源流

姓氏，是家族的第一标志。张姓是中华大姓。张姓不但是当代中国人口最多的姓氏之一，也是历史最悠久的姓氏之一。

宋代欧阳修《新唐书》记载："张氏出自姬姓。黄帝子少昊青阳氏第五子挥为弓正，始制弓矢，子孙赐姓张氏。"据史料记载，张挥受天象启发，发明了弓箭，被黄帝任命为弓正，在战争中立下了不朽功勋。黄帝时代"胙土命氏"，挥是弓箭的发明者，被赐张姓，因此张挥被视为张家的嫡祖先。有了姓氏，也就有了家族，张氏成为我国历史上最早的一批大家族。东汉应劭在《风俗通义》中记载："张、王、李、赵，皆黄帝赐姓也。"此后经历夏、商、周，张氏家族逐渐发达起来。张氏在周朝已经很活跃了，有中兴周朝的张仲，春秋时期在晋国有张侯，策划三家分晋的战略家张孟谈。张孟谈为了赵国的平和发展，派遣子孙前往韩、齐、燕、魏等国发展，张氏得以走出清河，开支散叶。尤其值得提出的是，在张氏家族的发展史上，还不断增添新的家族成员，这就是历史上历代王朝赐姓或他姓改为张氏者。

秦汉以后的历代王朝，张氏家族中显山露水、称著于世者不断。在最重门第的两晋南北朝时期，江南地区即有"朱张顾陆，本吴之著姓"一说。此后历唐宋至明清，皆不乏累世簪缨、朱门高第者，其中为宰相之家的高门就有近百家。由于王朝鼎革、战争纷乱，张氏家族同别的士族豪门一样，散处四方，由贵而贱，处于起伏不定的变换之中，家族命运和国家兴衰紧密联系在一起。

明朝初年，发生了中国历史上有名的大移民。这些移民先会集到山西洪洞城北大槐树，然后分向各地，到陌生的地方重新创业。直到今天，民间依然传诵着"要问祖先在何处，山西洪洞大槐树"的寻根谣。

张之洞的先祖张本，也跋涉在这次大规模迁徙的移民潮中。张本从洪洞来到了京畿漷县（今北京通州东南），他就是南皮张氏之祖。张本生子张立，张立有子张端，经过两代耕读，张端步入官场，当了繁昌县荻港巡检，后来举家迁到南皮东门印子头村（今河北南皮县），置产立业，张氏家族从此定居于此，声名渐盛，世称"东门张氏"，是为后来族兴人旺的南皮张氏。张氏定居南皮后，世代耕读传家，经过几代人的努力，传至第四代张淮时，张氏在甲科崛起，逐渐成为南皮大族，清代名臣孙嘉淦称张氏家族为"张故贵族，世有显者"。

自张端之后，南皮张氏子孙入官为显宦者，或参加科举获取功名者，或以其他一技之长而闻名于世者，代不乏人。最突出也最为后世南皮子孙称道的则是正德戊辰科进士张淮和嘉靖丙午科进士张谧。

张淮，字东之，号寒亭，张端之子。张淮于明正德年间进士及第，官至河南按察使，"以文章忠义有声于时"。张端任荻港巡检时，张家虽然还是小家小户，但经济上已颇为殷实，称得上是小康之家了。张淮从小入塾学习，后入县学为生员，再参加顺天府乡试获举人。明武宗正德三年（1508）赴京师会试，考取了二甲第98名进士，授官户部主事，不久即改任监察御史。按明制，监察御史为正七品官，又称"巡按御史"，因其是"代天子巡狩"，官位虽不高，但权势颇重，能任此职者须是朝廷所信任的官员。张淮任职后，尽职尽责，耿介自守，连续上章弹劾不法之事，为世人所赞赏。他也得到正德皇帝的表彰，声名鹊起。之后，张淮再巡盐两淮，按部中州，所至之处，旌廉退贪，革弊兴利，抑制豪强，执法以罪，而他自己仍力却馈送，分文不取。

正德十三年（1518）三月，正德皇帝朱厚照借太皇太后下葬的机会，出巡行至昌平、密云，为了声色之乐，沿途掠夺良家女，所经之处，民多逃亡。对此诸大臣皆不敢说话，而张淮抗疏极谏，结果惹得龙颜大怒。然而"震怒"的朱厚照不仅没有怪罪他，还擢升他为浙江兵备副使。此时分封在江西南昌的宁王朱宸濠以"奉太后密旨，令起兵入朝"为借口，集中其所属护卫兵马十万，起兵反叛。朝廷急命沿江布防，发兵会剿。张淮在浙江进行积极防务，又在杭州缉拿叛乱逆党，得到了朝廷的奖赏。

正德十六年（1521），朱厚照病死，朱厚熜继位，改元嘉靖。张淮晋升为河南按察使。此时全国各地气候反常，灾害频繁，先是西北大旱，后是南方大涝。张淮赴任河南之际，河南各地亦是满目疮痍，百废待举。张淮赴任后，励精图治，匡正时弊，除暴安良，昭雪冤狱，颇获口碑。有当地豪势之家犯法，将受罪。为减轻罪行，这家人辗转找到了当朝的大臣，要求向张淮求情减刑，一连纠缠三日，大臣不允。这家人以为是其不肯为自己说话，最后这位大臣才实话实说："不是我不愿帮你的忙，我深知张淮此人，我写的信肯定不管用。"由此可见，张淮的廉干之声誉满朝野。

正当张淮欲大有作为之时，父亲张端病逝，他辞官回家守孝。再加上朝廷日趋腐败，张淮此后便再没有出仕，杜门谢客，专于读书赋闲，数年以后病卒于家。

继张淮之后，张氏家族复以宦名而显于世者，即为嘉靖进士张谧。张谧，字子静，号安轩。他的曾祖父张璿，为宪宗成化朝举人，曾出任两淮转运副使，后致仕家居，潜心于理学，教授生徒，精研宋代以来的"关闽濂洛"诸学，被士林称为"今日横渠先生"。张璿有二子，一为张绣，官玉山县主簿；一为张忠，官砀山知县。张绣之子张继宗，为县学生员，即为张谧之父。

张谧自幼才识超群，早入县学为诸生，即有文名。嘉靖二十五年（1546）参加顺天府乡试，中举人，次年赴会试，再成进士。初授杭州府推官，所治诸狱，公正服众，升任南京户部主事，晋员外郎，后又因勤能其职，再迁山东按察司佥事。

时值山东灾荒，百姓食不果腹，盗贼蜂起，社会动荡。张谧奉抚臣之命，备兵武定府（今山东惠民），擒获盗首杨思仁，又捕其余党，动荡的武定一带逐渐安宁下来。抚臣奏其功于朝廷，张谧加俸一级，迁任山西布政使司右参议。他赴宁武视察政务时，正逢北方蒙古鞑靼部入侵内地，便积极部署防务，配合各部明军将敌兵击退。朝廷闻其功，特赐白银以为嘉奖,同时晋升他为陕西提刑按察使司副使。

当时陕西的边防任务尤重,张谧到任后立即投入到整饬军务、规划粮饷等事务中去,各项事务初见成效,他在军政方面的才能亦渐为朝廷上下所佩服。此时京营副职空缺,廷议推荐张谧,但他不为当时专权的权臣严嵩所喜欢,故不得升迁。对严嵩等人的专权跋扈早就看不惯、对朝廷政治的日益腐败逐渐失去信心的张谧便借此辞职,回归故里,过上了优游自在的田园生活。他除了亲自教授张氏诸子孙的功课,还主持筹建了赡济张氏家族的义仓、义田等福利事项。后病卒于家,年79岁。

从此,科举入仕成为张氏家族传统。明代为官的有:

四世祖张璿,成化举人,官两淮盐运使司副使。

五世祖张忠,贡生,砀山县知县;张绣,岁贡生,官江西玉山县主簿。

六世祖张继爵,岁贡生,陕西邠州州同;张继升,岁贡生,江南仪征县县丞;张继芳,岁贡生,官江南萧县主簿。

七世祖张谧,嘉靖进士,官至陕西按察使司副使;张文炳,庠生,武都守备。

八世祖张以旃,万历副榜,山东单县知县;张以宁,岁贡生,山西平遥县教谕。

九世祖张斐,拔贡生,安州学正署知州事。

第二节 父祖行状

张之洞一门虽非显宦贵族，但自高祖张惟寅而下，四世为州县官，也可谓仕宦之家；又累世多有举人或贡生的科举功名，或可谓"家世以儒学显"。此语虽有过誉之嫌，但张氏家族有读书做官的传统则了无疑义。张之洞以上四代为官，都以清廉闻名。

张惟寅，字子畏，号学山，别号惺夫，生而颖秀，尤得张惟寅祖父张份的疼爱。有一天，张份正在院中树荫下读《唐伯虎集》，张惟寅在一旁玩耍，张份看他机灵活泼，便对家人说，我看这孩子才似唐伯虎，便昵称他为"虎子"。不过张惟寅少年时期较为不幸，5岁时母亲因病去世，他跟随伯母一家长大，曾同堂兄张受长一起每天往返数十里拜师学习。18岁时，他考入县学为诸生，雍正七年（1729）中举人，乾隆元年（1736）高中进士，擢为户部江南司额外主事。他处事"综核精微，无毫厘之错"，在户曹诸吏中，以"能"声闻于朝廷，后升迁为吏部员外郎，晋考功郎。

继考选监察御史,掌贵州道,再简放外任云南迤东道,改补云南驿盐道,历迁鹤庆府、永昌府、临安府等府知府,迁云南督粮道,再调任浙江盐驿道,任职仅数月,复调福建漳龙道。后奉诏进京入觐,得乾隆皇帝嘉奖。后卒于福建省官署,年54岁。

张之洞的曾祖张怡熊,曾担任广东小靖场盐大使,历浙江青村场盐大使,后升迁为浙江山阴县(今浙江绍兴)知县、杭州府同知。

张之洞的祖父张廷琛,字献侯,贡生,做过四库馆誊录,担任过福建漳浦东场盐大使、浯州场大使,后补为古田知县、署侯官知县、福州府通判等。乾隆五十三年(1788),因闽浙总督伍拉那等贪污、纵盗案,督抚藩臬等十余要员下狱,牵连甚广。张廷琛不仅洁身免祸,还多方"调护拯救",甚获时誉。被拯救者以及他周围的人都认为张廷琛积有阴德,他的后代必定昌盛。其诸兄弟科举功名者有岁贡生张廷仪、乾隆时增贡生张廷璘、嘉庆间举人张廷芳等。

父亲张锳,字右甫,一字春潭。张锳以上三代为官,但都止于知县,始终处在官僚体系的中下层,在传统社会里,算不上豪门显宦。他早年丧父,家境窘迫,因此他"食贫力学",勤奋攻读,于嘉庆十八年(1813)乡试中举。接着他将家迁至南皮城南三里的双妙村。中举后,张锳开始参加会试,但连续六次不第,只能参加大挑试。大挑,是清乾隆时期制定的一种选官制度,国家挑取优等的任用为知县等职,意在给举人开拓出路,六年举行一次。挑选标准重在形貌与

张锳(1791—1856)像

应对，列为一等的以知县任用；二等的以教职任用，即任命为府、州、县学之学官。张锳不仅以仪表稳重从容过关，而且在应对时出口不凡，得到考官的赏识，被列为一等。

清代任命简派官吏，照例是不许在原籍任职的，于是张锳被放任贵州安化知县。道光七年至九年（1827—1829），任清平、德江知县。在张锳来黔任职的几年中，贵州省西北部的威宁州有多股匪徒各自占山为王，经常下山掠夺粮食和财物，民不聊生。威宁州从道光三年至道光九年，六年之间就调任了五任知州。这六年中，匪患不断，这些知州不是屁股没坐热就请辞，就是谈"匪"色变，虽然配合总兵多次搜山剿匪，但只攻下部分匪寨，抓到的只是匪卒，结果土匪骚扰始终未断绝。州县管理也换掉几任，但是始终力不从心。就在这危难时刻，道光十年初，张锳从德江调威宁州任知州。张锳到任后，深入实地了解匪情，及时把详情报告云贵总督，云贵总督既而上报朝廷，经与兵部商议，选用苏勒芳阿为剿匪总指挥。他们捉拿到匪首并立即斩处，当场斥令匪卒归家务农，不准再走歪道。此举守卫了一方安宁。

道光十三年（1833），因政绩突出从威宁州调任贵筑知县。

道光十六年（1836），任榕江通判。

道光十七年（1837），任安顺知府。

道光十八年（1838），以清明廉洁、勤于政事、兴学育人著有治绩，升黎平知府。

道光十九年（1839），任遵义知府。

道光二十一年（1841），以政绩显著署兴义知府（所辖在今贵州安龙布依族苗族自治县一带），升贵西道道尹。

咸丰四年（1854），升贵东道。同年秋，贵州各地义军纷起，以杨凤为首的农民军于十一月包围兴义府城。

咸丰五年（1855），升贵东道道尹。张锳与农民军周旋数年，积劳成疾，终因沉疴不起，于咸丰六年（1856）七月卒于军中。后追赠太仆寺卿。

张锳出身寒微，经历坎坷，颇知民间疾苦和政治流弊。在贵州任职时，他为官勤政，廉洁奉公，政绩突出，严格要求属吏不许苛扰百姓，治盗安民，维护社会安定。除开修驿道、奖励农商外，还倾心于教育事业。他到哪里任职，家就随迁到哪里，以此为家为百姓造福。张锳在贵州州县长期任职，与胡林翼、鹿丕宗（鹿传霖之父，河北定兴人）并称"贵州三贤吏"。

贵州流传着张锳为读书人"添灯油劝学"的佳话。相传在道光年间的安龙城，每天夜里到了交更的时候，就有两个差役从知府衙门中走出来，前面的一个提着灯笼，后面的一个挑着桐油桶，沿着大街小巷游走，只要看到哪户人家亮着灯光，并有读书声，两人便会停下来，高唱一声："府台大人给相公添油啰！"等读书人开门后，后面的一个差役便放下油篓，取出油桶，再从油桶中舀出桐油，倒进这个读书人的灯盏里，并补上一句："府台大人祝相公读书用功，获取功名。"随即又向另一户亮着灯光、有读书声的人家走去。就这样，每晚给安龙城里的读书人添灯油，张锳前后坚持了13年，不管晴天下雨，夜夜如此。当地人都知道，这是知府张锳对读书人的厚爱、关照，于是更加发奋读书。在张锳的不懈支持下，该地学风兴盛，培养出一批人才。他任职十余年间，本地读书人考取举人20余名、贡生8名、进士2名，比较知名的有官至内阁学士的景其浚、诗人张国华、书院山长贵天乙等人，被称为"旷古未有"。其中景其浚在咸丰二年（1852）还考中进士，先后充任顺天乡试同考官，陕甘、河南、安徽三地学政，官至内阁学士兼礼部侍郎。

张锳一生三娶。原配刘夫人，布政使司经历刘廷武之女。继娶蒋夫人，四川嘉定知府蒋策之女。再娶朱夫人，四川邛州知州朱绍恩之女。道光十七年八月初三（1837年9月2日），朱夫人生张之洞于兴义知府官舍，这一年张锳44岁。张之洞的上面还有一个哥哥张之渊，以下有两个弟弟张之澄、张之涌，还有八个姐妹。其堂兄张之灏、张之清因父早亡，也被张锳收养，如同亲生一般。这是一个颇为热闹的大家庭。

张锳先后任兴义府知府十余年，整修招堤，修葺"明十八先生"祠墓，开辟府城通广西的驿道，主持编修《兴义府志》，政绩卓著，尤以兴学育人受到社会广泛称赞。城郊名胜招堤年久失修，张锳将堤加高5尺，在堤侧遍植荷花，建半山亭，又在金星山建省耕亭。府城为黔桂交界的商业重镇，而通往广西的道路石径险狭，崎岖难行，张锳集资银数千两，雇工修竣，使府城"远通羊城，近达象郡，贾商辐辏，货物骈臻"。张锳又改建珠泉书院，将"明十八先生"祠移建于试院东侧，增建亭台楼阁，广植奇花异卉，俨然江南园林。道光二十九年（1849），擢贵西道尹，不久请还任兴义府。

张锳来到兴义府后，以纂修府志为己任。为节省经费，既不设局，也不劝捐。先召集府属各州县士子十余人广征资料，出藏书万卷，博考纂辑，复采访父老、绅士，始纂为初稿。而后，再聘请江苏学者朱逢甲和湖南宿学、修志家邹汉勋来郡协修，共定义例，删繁去冗，拾遗补缺，经13年始修订成书，共74卷百万余言。因资费告乏，张锳捐俸银2000余两付印。张锳作序云："甚矣其难也，锳之心力瘁于此书矣！"

第三节 祖辈留下的家风

一、积善读书，乃我家训

南皮张氏家族非常重视教育和文化，在宗族祠堂和宗族子弟的居所，到处都有这样的楹联："传家无别法非耕即读，裕后有良图惟俭与勤""欲高门第须为善，要好儿孙必读书""读书经世文章，孝悌传家根本""第一等好事只是读书，几百年人家无非积善"。这些都是南皮张氏宗族崇文重教的象征。

积善，通俗点说就是多做善事，以提高自身的道德修养。"积善"一词源于《易经·文言》："积善之家，必有余庆；积不善之家，必有余殃。"并逐步形成了"积善成福，积恶成殃"的吉凶观。张氏祖先认为，身处乱世，那些奢淫不道之家会惨遭破落，而那些积善之家则会有幸保全。积善成德，是一个不断积累的过程，善事做多了，便修成为德行。在积善的同时，还需抵触去做坏事。积善与去恶，其实是一种对立关系：如果一个人善事做多了，恶行则会渐渐变无；反之，如果一个人的恶行越来越多，那么逐渐就不会做善事了。

在我国传统社会，"万般皆下品，唯有读书高"。世代为官的张氏家族，十分强调读书的重要性。张氏能够成为"代有闻人"的官宦家族，根本原因在于注重教育。早在明代，张淮之兄张璿就以讲学闻名于地方。张璿为明成化朝举人，官两淮盐运使司副使，致仕后在家潜心研究理学，建学堂授徒，当时有"今日横渠先生"之美名，远近士风为之改变。张璿读书讲学的事迹，更给予张氏族人深远影响。

张氏先贤有称张朝栋者，虽仅得秀才之名，但曾被时人称为"八法散圣"，他的成就主要是在书法方面。张朝栋好周济他人，家族或乡邻若有因财力不济而上不起学者，他常常慷慨地无偿资助。他与宗人聚饮时说道："积善读书，乃吾家本领，愿以此相期！"他将积善和读书作为持家立业之本，也是张氏家族在明代兴旺发达的看家"本领"。张朝栋不仅践行着祖辈的教导，而且还以身作则地为其子孙做出了榜样，积善读书成为张氏家族数百年不易的家风。

从此，"积善读书"成为张氏流传下来的家风，明武宗正德三年（1508）立下"积善读书，乃我家训"传世，荫及后代。

张朝栋有永清、永吉、永誉诸子。张永誉，字印白，自少负俊逸之才，嗜读好学，兄弟们分家时，他只多要祖上的书籍而不重田产资财。明末政局动乱之时，他以贡生的身份被选授四川保守府（今四川阆中）经历，奉檄专理军政，以备流寇。后再受命处置积案疑狱，皆明断如流。但因为人刚直清正,以处事忤上官之意而遭排挤,最后辞官告归,赋闲终生,著有《松风亭吟》《雨花斋集》等。

张份生于清初,自幼肆力于学。康熙二十二年(1683)始补县学生,获秀才之名,后绝意仕进。康熙五十六年(1717)被举荐应试孝廉方正,仍坚辞不就,雍正四年(1726)病卒于家。张份有六子,皆在科举之业上无大成就。张莆、张敷为监生,张芸、张菊为庠生,张苏为增生,诸兄弟皆以"至纯""纯孝""孝行"闻名。

特别需要指出的是,除了科举功名、入仕为官,张氏家族中也出现了不少优秀的专业人才。医学上就有擅长妇科的张德馨,精通《内经》的张让泉,精于诊治皮肤病的张肇基,善治眼疾的张守欣,长于外科的张凤池、张凤和兄弟,还有以治杂症出名的张廷钺等。

书画亦代有名人。张时治,字履平,不仅博学能诗、精通音韵之学,而且尤擅绘画,所画花卉虫鸟无不酷肖,最擅长画兰竹。张桂岩,字香斋,工书法,其蝇头小楷最负盛名。还有擅长铁笔之书的张积庆,时人得其书则视如拱璧。张积庆的儿子张权吾又传承其业。另有善画花卉的张宗庆,精画花鸟兼工篆刻的张鼎庆,擅长墨笔国画的张彬等人。直至民国初年,以画闻名的张氏子孙仍不乏人。

张氏家族不仅以文名世,而且还出过不少武术名家及名将,其中有武进士张干城、武举人张宏资等十余人,南皮张氏家族也是武臣世家。

发迹于明初的南皮张氏家族,同根同祖,枝繁叶茂,在截止到民国初年的五百余年中,士风振兴,登科为显官者代不乏人。据民国《南皮县志》的记载,南皮张氏家族成员中,在明清时期获得科举功名者,即有进士24人，举人88人，副贡14人，拔贡16人，优贡3人，恩贡7人，岁贡73人，另有廪贡、附贡、增贡等31人。科举制度废除后，进入各类学校修学毕业而获得各种学历者，又有百余人。先后入仕为官宦者以百数计，获得明清两朝的官爵封赠者还有70余人。特别是在清末，张之万、张之洞这对同辈兄弟先后成为大学士，张氏家族成为闻名全国的豪门贵族，南皮张氏又被人盛称为"河北右族""河北巨族"。

二、清介廉能

清介，就是清正耿直的意思；廉能，则是廉洁而贤能。"东门张氏"才俊辈出，在明清时期，多人出任户部主事、监察御史等职。张之洞以上四代为官，虽然职务并不显赫，但他们都留下了"清介廉能"的好名声。

所谓廉洁，通俗地说，就是不贪财货，立身清白。在中国传统政治文化中，廉洁既被视为关系国运国脉的重要政治原则，也被视为"仕者之德""为官之宝"的道德原则。孔子也把"欲而不贪"的廉洁操守视为从政者必须具备的"五德"之一。

张之洞的高祖、曾祖均担任过县令，以廉、惠闻名。他的祖父张廷琛曾任四库馆誊录，外任古田知县时亦能秉公廉洁，颇获时誉。张淮七传至张乃曾，即张之洞高祖，为清代山西孝义知县，张乃曾之子张怡熊为官浙江山阴知县，"两世为县令，皆以廉惠闻"。

张镆治行第一便是"廉"，其"卒之日家无余财"。他认为，为政者要通过"正身""自省""自律"来培养廉洁高尚的品德，只有这样才能在任何时候、任何条件下，使自己的言行、举措符合廉洁的要求，做到立身正直、处事公道、做人清白。只有将廉洁作为自己做人的准则，坚守正气，"一介不染"，即使没有外在处罚和监督的威慑力量，他也会自觉地保持自己的清正廉洁。这样，一个能够清介自守的为政者，清正廉洁就不再是外在的强制，而是他的心愿、品行和行为习惯了。所以儒家提倡"慎独"，把清介自守、坚守礼法道德作为造就为政者廉洁人格的重要要求。这也是孔子强调的"为己之学""为人由己"的精神所在。

张锳特别喜欢荷花。他在贵州安义府任知府时，在招堤西侧遍植荷花，这与其从政生涯、政治抱负有关。晚清的官场污浊一片，要像荷花一样虽深陷污泥却能保持"中通外直，不蔓不枝，香远益清，亭亭净植"的气韵，他只好把种植荷花当作一种寄托。张锳常用青莲自比，时刻警醒自己"出淤泥而不染"。从老家南皮到黔地任职，每每风餐露宿，带的只有几箱书、几盆荷花，随从只有家眷和贴身卫官。《贵州通志》评鉴张锳"刚介鲠直，不阿上司"，在清代的贵州，是堪比胡林翼的"一代名知府"。俗言对官吏的评价是"一年清知府，十万雪花银"。张锳到威宁任职的第二年，准备回老家过年，除了带点咸宁的荞酥、火肘外，实在没有什么东西能带回老家犒劳乡亲。

张之洞的先世祖、高祖、曾祖和父亲全是"为官一任、造福一方"的官员，不但政绩颇丰，而且深受县民的爱戴，皆有一定的影响力。张氏是名门望族，对张之洞而言，出身于官宦世家的他，从小就受到了良好的教育。书香门第的环境自不同于其他，据《南皮县志·文献志》载，在清代，张氏族人有20余人高中进士。教育在张氏家族的重要地位及其对优秀门风形成的影响，由此可见一斑。也正是在此环境下，张之洞启蒙开悟，奠定了其思想的基础。

三、"俭约知礼为宗"的家风

张锳的家法是"俭约知礼",他本人为官廉洁,善听讼,善治盗,兴义仓,办书院,喜读书,性好学,这些无疑影响了张之洞,张之洞学有所成与父辈的影响有关。

张锳非常重视子女的教育,常将孩子们聚集起来,为他们讲述张氏家族的历史,他身体力行,教导和监督着子女的言行。这种教育当然离不开儒家的忠孝节义等伦理纲常,张锳为子侄辈讲述自己艰辛的经历,告诫他们要努力保持仕宦之家的书香本色,"公训子以俭约知礼为宗"。在张锳看来,勤俭节约是治生的根本。一个家庭若懒惰浪费,轻则变得贫穷,重则家破人亡。勤俭节约,即是工作勤劳和生活节约。"勤俭一源,总在无欲,无欲自不敢废当行之事,自无礼外之费,不期勤俭而勤俭矣。"可以看出,勤劳可以获得财富,节约可以累积财富。在明清许多家训中,大多提倡勤劳,反对懒惰;提倡节俭,反对浪费。如果一个人懒惰,必然穷困潦倒,无吃无穿;如果一个人浪费,就算当前再有钱,日后必然会变得一无所有。勤劳,并非对财富极度的追求;节俭,并非把钱存起来不用,而是有计划地使用,不滥用。

张锳自己是一位"力学"之士,"性好学,至老不倦,听政之暇,率危坐读书终日",这本身就是一个表率。张锳在对后辈的教育中,"每教子必曰:贫,吾家风。汝当力学,树功名"。与几世先辈一样,只得了个举人的张锳自然对更高一级的功名念念不忘,可他只有寄希望于后辈能够超越自己。为此，他为张之洞的兄弟们聘请了当地最好的老师，其中也有进士出身甚至翰林学士，张之洞日后自称其"经学受于吕文节公颂基，史学、经济之学受于韩果靖公超，小学受于刘仙石观察书年，古文学受于从舅朱伯韩观察琦"，并曾向胡林翼问业。贵州地处偏远，少有书读，张锳则尽力为后辈创造读书条件。他"竭俸金购数十橱，置诸子学舍，令于日课之外，听以己意纵观之，大率史部书、国朝说经之书及朱子书为多"。张锳还亲自授学，"多乾嘉老辈绪言"，或以为张之洞日后学有所成，"盖家训然也"。

作为传统士大夫，张锳教子的根本宗旨自然离不开儒家传统的忠孝节义。他说："予家世清白吏。及予少长，家益贫，自刻苦读书，厄于冻馁者数矣。……予惧汝辈席藉余荫，不知汝父遭遇之艰难也。"又说："汝辈当立学问，树功名，慎勿为田舍翁所为，予之所深恶也。"这些话语，表达了一个父亲的殷切期望，学而优则仕，以此建功立业，光宗耀祖。其"言传"如此，更可以其"身教"来印证。张锳治行第一便是"廉"，"卒之日家无余财"；张之洞在晚清大吏中也是以清廉著称，《清史稿》称其"任疆寄数十年，及卒，家不增田一亩"。张锳"当面鲠直不阿，好面折人过"；张之洞的清流本色，恰有乃父之风。张锳不仅在读书受业方面言传身教，其转移士气民风的精神更深深地影响了张之洞。张锳另一为人所称道的治行是"兴书院"，他在兴义府任职内"增修珠泉书院，延名师以教士；又建十八先生祠于城中，祀明季忠臣吴贞毓等。士气大昌，益以文章节义相砥砺"。日后张之洞到处办书院的举措及其好为人师的品格有家学渊源。

最使张之洞深感震撼而终身效法的是张锳对清王朝的忠诚。道光咸丰之交，随着太平天国运动的爆发，全国各地农民起义风起云涌，清王朝风雨飘摇。张锳任职的贵州兴义府，不时遭到苗民义军的攻击。最危急的一次是在咸丰四年（1854）冬天，兴义府城被围，张锳率部下及家人子弟拼死抵抗三昼夜，最终得以解围。张之洞亲历此事，感触良深，"我先大夫慷慨仗忠信，青衿白屋皆同袍"。他用长长的《铜鼓歌》记下了父亲与兄弟们"于国宣勤劳"的事迹，希望子孙后代永远铭记在心。

除了俭约知礼的家风、父亲"贫而力学"的家训和严格正统的儒学传统教育对他人格形成有着潜移默化的影响，他对廉政兴国、腐败丧邦道理的清晰认识和对自己行为的准确把握也受益于父亲。父亲对子女的教育重视也是促其成才的重要原因，他认为自幼浸灌既多，日后必有益处。平日训子，则以理学与俭约知礼为荣。

张锳一生的所作所为，"始终皆出于儒家之学"。咸丰六年（1856），饱经忧患的张锳在乱世中与世长辞，他留给年仅20岁的张之洞的只是一份通过言传身教而活化于思想中的精神遗产，如何读书做人及为官从政的一些基本道理。四年后，张之洞的长子张仁权出生，他给子女后代立了一个辈分排行："仁厚遵家法，忠良报国恩。通津为世用，明道守如珍。"这与其说是为子孙后代立法垂教，毋宁说是其秉承乃父遗教之立身处世的准则。

第二章

科举生涯，族人教导立宏志

张之洞自幼受到严格家教，儒家修齐治平的思想深深地烙在心里。他天性好学，4岁开始入塾读书，9岁已读完"四书""五经"，留下了不少佳话，12岁中秀才，16岁中解元，26岁高中探花，就此走上仕途。

有一位率先垂范、清正廉洁、经世致用的知府父亲，有15位博古通今、通过科举走上仕途的硕学鸿儒做老师，于耳濡目染间，注定了张之洞一身传统君子的风范，也奠定他仁厚忠孝、开明务实的思想基础。

第一节　少年奇才

道光十七年八月初三（1837年9月2日），贵州省贵筑县六洞桥旁一张姓人家的大宅门里，一个婴儿呱呱坠地。孩子父亲说，此地既称六洞桥，就叫他"之洞"吧！这个孩子的父亲张锳，当时担任贵筑知县一职，这一年他44岁。孩子的生母朱碧筠，是张锳的第三任夫人。张之洞排行第四，他之前有之灅、之清、之渊三位兄长，之后还有两个弟弟：之澄和之涌。另外，还有八个姊妹。这是一个很热闹的大家庭。

襁褓中的小之洞生性爱哭，只有母亲的琴声才能使他安静下来。朱碧筠出自名门，父亲朱绍恩是嘉庆甲戌科进士，后官至四川邛州知州。她外美内慧，聪颖贤淑，琴棋书画样样皆通，特别擅长弹奏古琴，常常在孩子身边弹琴鼓瑟，吟诵诗词，张之洞就这样在母亲的琴声中逐渐长大。他4岁那年，生母朱夫人不幸染病身亡，她将古琴遗留给张之洞，这架琴后来一直伴随张之洞一生，常常勾起他的思母之情：

梦断怀捲泪暗倾，双琴空用锦囊盛。

儿嬉仿佛前生事，那记抛廉理柱声。

朱碧筠死后，4岁的小之洞由张锳的侧室魏芷香抚养。魏氏未曾生育，视张之洞为己出，给他无微不至的关爱照顾，母子感情非常好，张之洞的童年仍是在备受关爱中成长的。

道光二十一年（1841），张锳因政绩显著升为兴义府知府。兴义府虽地处偏远，但城内已建有规模宏大的珠泉书院和兴义府试院。试院就在兴义府署的隔壁，内有天香阁，环境清幽，成为文人雅士常聚之所。张锳非常重视子女的教育，为他们讲述张氏家族的历史以及"积善读书"的祖训，因此不满5周岁的张之洞便开始入家塾启蒙识字。启蒙老师名叫何养源，何养源虽然只是一个附生，但"学养深厚，授课有方"，他精读"四书""五经"，熟谙琴棋书画，又在长期的教学中形成一套行之有效的教学方法，成为兴义府有名的教书先生。他从《三字经》教起，每天教二十个字，但张之洞天赋奇佳，"少有大略，务博览为词章，记诵绝人"，他有过目不忘的才能，念过三四遍即能背诵，不到一个月，整本的《三字经》就背完了。然后他接着学习《百家姓》《千字文》《增广贤文》等启蒙读本，张之洞很快就熟背如流。何先生称他为"神童"。何养源深恐自己才疏学浅，耽误了张之洞的学业，便力劝张锳另聘良师。于是，拔贡生曾播之、附贡生张国华、举人黄升之、举人王可贞、进士敖慕韩、举人张肖巌、举人赵斗山、进士童云逵到府试院执教，先后成为张之洞的业师。8岁时，张之洞已读完"四书""五经"，成为远近闻名的神童。

张锳平日教育子女，总是讲述"家贫力学"与"俭约知礼为宗"的家风。他还身体力行,教导和监督着子女的言行。这对张之洞及其兄妹的影响至深,全家人都洁身自重。由于有严父督促,名师指教,再加上张之洞有着超乎常人的禀赋与勤奋,除了学习"四书""五经"等儒家经典,张之洞还兼习史学、小学及经济之学,还自学了《孙子兵法》《六韬》等多篇武学名著,完成应试科举考试的必要准备,打下日后从政、治学的初步基础。

张之洞10岁时还游览过安龙招堤,并在山上题文一篇,名曰《半山亭记》。直到现在,这一题记仍保留原处,成为安龙一处名胜。11岁那年,老师敖慕韩要试试张之洞的诗文,自己先写出了一首古诗,命张之洞相和,张之洞提起笔稍一默诵就成了。张锳看后大喜过望,斟满杯酒让儿子饮。据说张之洞任两广总督时,敖慕韩的儿子拿着刻有张之洞处女作的集子去拜访他,张之洞饶有兴致地向左右忆述着当时写诗的情景,说:"先父不只让我饮酒,还将他平日喜爱的一方砚台奖给了我。"

道光二十七年(1847),为勉励张之洞努力读书,张锳将张之洞平日的诗文作品请人刊刻,取名《天香阁十二龄草》,并广赠亲友传阅。张之洞的伯父阅后,除了赞誉之词,更是慎重地提醒他"敛才勿露",张之洞终身铭记这一教诲。也是在这一年,从京城传来喜讯,张之洞的堂兄张之万高中状元,这一光宗耀祖的喜讯令张锳感慨不已,也给了张之洞巨大的激励。

张之洞学业之所以能取得如此大的进步,除了天赋,就是他那异于常人的勤奋。他读书"非获解不辍,篝灯思索,每至夜分,倦则伏案而睡,既醒复思,必得解乃已"。他好学多思,从启蒙识字开始便渴求了解每一个字的含义,直到弄懂为止。他每日挑灯夜读,专心思考,每当夜深人倦,打个盹儿,醒来再读再想,必得其解而后已。张之洞这种勤奋读书的精神养成了他日后的工作习惯,"起居大异于人,尝终日不食,终夜不睡,而无倦容"。可以说,这种"分一日若两日"不知疲倦地忘我工作的精神,是其一生事业成功的基础。

张锳对子女的重视也是促其成才的重要原因。兴义府偏处黔东一隅,经济落后,张锳特意花重金从外地购来数十橱书籍,其中经史及朱子书最多,让子女们在平日功课之余,根据自己的兴趣爱好选择阅读,以拓宽视野。张锳认为"自幼浸灌既多,日后必有益处"。为了四个儿子的学业精进,张锳曾经聘请过十三名塾师,其中多为进士、举人、贡生,其中包括韩超和胡林翼。

韩超,字寓仲,直隶昌黎县人。"家贫,励学刚毅,有大志,喜读韬钤家言",道光甲午年进士,为人沉勇慷慨,被称为"血性奇男子"。道光十四年(1834)中副贡,历署贵州三角屯州同、独山知州。以练民团捕盗为黎平知府胡林翼所倚重,荐于巡抚蒋霨远,称其"腹有十万甲兵,胸罗二十一史,雄心远略,可为名将,亦可为名臣",后官至署理贵州巡抚。他在守丁忧时被张锳聘请至府上做张之洞的业师。韩超儒学根底深厚,又有经世致用的思想。他对"唐宋八大家"之首的韩愈倍加推崇,常为张之洞讲解韩愈的文章,这对张之洞一生都有影响。

胡林翼,字贶生,号润之,湖南益阳人。道光十六年(1836)进士,两年后授翰林院编修。从道光二十七年(1847)至咸丰三年(1853),胡林翼曾在贵州省署理并任知府,张锳便是在这一时期与胡林翼结识。胡林翼公务虽然繁忙,但他十分重视对张之洞的教导,认为张之洞才气可嘉,日后定成大器,于是胡林翼将自己擅长的兵法为张之洞讲解。不久之后,张之洞便得《孙子兵法》《六韬》《司马法》等武将韬略之精髓,为他以后在中法战争的运筹帷幄和编练新军奠定了基础。同时,胡林翼还时常向张之洞传授经世致用的思想,引导他开阔胸襟。这些都对张之洞产生了深远的影响。

张之洞自幼接受的是儒家传统教育,十几位业师都是精修饱学之士。从张之洞的高祖父起,张家族人世代为官,也属世宦人家、书香门第。受家庭熏陶和师长教诲,忠君爱国、尊崇先贤的思想深深植根于他的心中,主宰着他一生的言论与行为。

道光二十九年(1849)秋天,13岁的张之洞在族人张喜的陪护下,启程回原籍直隶南皮县参加县试。清科举制规定,考秀才、举人,必须回原籍应试。张之洞与许多传统士子一样,走的是一条科举"正途"入仕的道路。年幼的张之洞随兄长北上,前往直隶南皮。经过三个多月的长途跋涉,历经湘、鄂、豫三省,于春节后,他第一次回到故乡双庙村。房屋是父亲前些年新建的,但与普通民居并无大的不同,物料既不考究,也没有深宅大院。张锳说,厅房之木没有自朽自烂的,松柏檩梁固好,如果子孙不争气,自恃家产挥霍浪费,再好的厅房也保不住。

道光三十年(1850),参加当年县试的童生中,张之洞年龄最小,个头最矮,但他才学俱佳,在直隶南皮的县试中脱颖而出。张之洞三天连考了五场,不论是八股文、试帖诗,还是经论、解赋、策问,场场应对自如,挥笔而就。不久榜发,张之洞名列榜首,中了秀才。在科举时代,考中秀才叫"进学"，即取得进入县学继续深造的资格。张之洞小小年纪就考中秀才，顺利闯过仕途上的第一关，前程似锦。三年县学期满，张之洞又以优秀的成绩取得了参加乡试的资格。

咸丰二年（1852）八月，张之洞在京城参加了顺天府乡试。乡试即乡举考试，中试称举人，每三年举行一次，一般在各省省会举行。京师举行的乡试即顺天府乡试，是所有的乡试中最为隆重的。乡试在秋天举行，故又称"秋闱"，而顺天府乡试被称为北闱。整个乡试需要在号舍度过漫长而关键的九天考期，共分为三场：第一场考八股文和试帖诗，第二场考经义，第三场考策问。其中，以第一场最为重要。按照惯例，乡试结束后将于重阳节放榜，乡试第一名称为解元，是科场上难得的荣耀。15岁的张之洞在这一年的顺天府乡试中高中解元，在京师名声大震，他的名字被载入新中举人的题名录首页，他的考卷文章也被刊入《顺天闱墨》，成为士子学习的典范。

张之洞高中解元的消息很快传到贵州，张锳和家人都非常高兴。曾教过张之洞的胡林翼，得知喜讯后也难以抑制内心的喜悦之情，他写信给张锳："闻四贤郎获解，吾与南溪（韩超）相视，开口而笑者累日。"这次考试给张之洞带来的荣誉是难以言表的，16岁的解元，在科举史上不为多见。有多少读书人年届不惑，还在为取得生员的资格而奋斗；又有多少读书人，两鬓斑白还在为举人的功名伏案苦读。而张之洞只用了十六年的光阴，便顺利地迈过了许多人一辈子还走不完的科场苦旅。一时间，这个出生在知府衙门里的小少爷成了全国瞩目的神童。不料此后的十年，神童张之洞在通往会试的途中却连遭不利。

第二节 坎坷进士路

在科举时代，中了举人便有了参加会试得中进士的资格。以当时张之洞的实力，应当能够一气呵成，早日金榜题名，进士及第。然而命运开始捉弄张之洞，直到他27岁那年才得中进士。

咸丰三年（1853），太平军攻克金陵（今南京），改称天京。五月，洪秀全命令林凤祥、李开芳率师北伐，太平军的北伐部队进逼直隶，京师震动，仿佛一夜之间，固若金汤的京城已不再是安全的处所。在畿辅重兵戒严的表面现象下，人们的心理显得十分焦虑与惶恐。张之洞也第一次感受到一种紧张压抑的气氛。人们已不再关心哪个是解元，哪个是状元了，他们更关心自己的命运。在这种环境下，张之洞也陷入了忧虑不安之中。功名似乎一下子微不足道了，寄居亲戚家的张之洞无法在京师安心读书博取功名，他也惦念着处于战乱旋涡中的父亲。

咸丰三年（1853）七月，张之洞离开京城回到父亲任职的兴义府。受太平军北伐的影响，贵州境内也先后崛起多支义军，张之洞失去了安静的读书环境。遵义府桐梓县杨凤率千余众起义，举太平军大旗连克仁怀、龙泉、绥阳等城。至咸丰四年（1854）十一月，队伍已扩展至万人以上，浩浩荡荡直逼兴义府，将城团团围住，局面令人担忧。而此时由于大部分士兵被外调，城内守军无力与义军直接对抗。张锳下令关闭城门，以求固守。然而在坚守三天三夜后，义军的攻势越来越急，兴义城眼看不保。张锳把全家人召集于城楼之上，接着命令士兵将木柴堆积起来，一旦城破，便举家自焚。张锳的悲壮气概感染了所有人，张之洞与兄弟姐妹以及家仆，还有他的姐夫鹿传霖，就站在城楼之上，他们深深感受到父亲忠君报国的情怀。后来，张锳召集了一批敢死队，半夜悄悄地绕到义军背后，内外夹击，击退了义军。兴义之围解除后，城内出现了短暂的平静。利用这个间隙，张锳为爱子张之洞张罗婚事。

咸丰五年（1855）春节前后，贵州都匀知府石煦之女被迎娶过门，成为张之洞的新娘。石氏是一个温柔贤惠的女子，她从自己母亲那里继承了极高的琴艺，婚后两人有很多共同话题，感情极好。此后十多年，张之洞忙于科举考试，四处奔波，没能和妻子长相厮守，但夫人毫无怨言地在背后默默支持他，照顾家庭。据史料记载，结婚后张之洞常常与石氏一起弹琴唱歌，笑看人间风雨。石氏陪伴张之洞度过了蛰伏的十一年，是张之洞心中最重要的女人。

咸丰五年（1855）春，兴义府又遭到义军的再次进攻，战乱又起。张锳不得不竭尽全力率军抵御，与杨凤义军陷入苦战。到了秋天，张锳爱子心切，不愿张之洞再受战火的纷扰，令他离开兴义，再返京城，继续博取功名。张之洞不敢违背父命，携夫人再次北上。到达京城后，张之洞全身心地投入到学习当中，准备参加第二年春天举行的会试。不料在考期前，张之洞竟一病不起，未能参加会试。

四月，张之洞病势稍减，挣扎着参加了礼部试，榜上有名，被录取为觉罗官学教习，时年19岁。

八月，父亲张锳在军中病故，张之洞惊闻噩耗，匆匆收拾好行李，赶往祖籍直隶南皮。与此同时，张之洞的哥哥张之清也扶柩回到南皮，按照祖制，他必须守丁忧三年。从咸丰六年（1856）秋至咸丰八年（1858）冬，张之洞一直在南皮守制。父亲的教导历历在目，"贫，吾家风，汝当力学""以俭约知礼为宗"，他常想起父亲经常讲述的"经世实用"的思想。这三年，他静下心来认真思索自己的人生与前途。

咸丰九年（1859）春，张之洞重返京城，正遇上己未科会试，张之洞打算在会试中一显身手。谁知，他的堂兄张之万被派为会试同考官，他不得不循例回避，张之洞悻悻地返回南皮，组织清平团练。

自古以来，每逢世乱，官府无力，各地绅民和乡族为了保护自己的生命财产安全，便联结自卫组成团练，其主要任务就是维护地方治安，防御盗匪。堂兄张之万可不是一个简单人物，他是道光丁未科的状元。丁未科在近代史上被称为名科，这一科里考中进士的有李鸿章、郭嵩焘、沈桂芬等人，张之万的试卷能够压倒这些名流，可见他的过人之处。

咸丰十年（1860）春，朝廷为咸丰帝30岁举行万寿恩科，张之万又被派为同考官，张之洞无可奈何地再次回避，再一次被剥夺了参加考试的资格，他满怀失望地再次返回南皮。七月，长子张权的出生为张之洞带来喜悦，张之洞引用《论语》里的"可与立，未可与权"，为儿子取名张权，字君立，意思是自立于权衡乃为人处世的最高准则。张之洞有了第二个儿子后，写下著名的《续辈诗》，就改成"仁"字辈，长子张权，按《续辈诗》加"仁"字，也改为张仁权。

张之洞志向远大，非常关心时局。他渴望能尽快摆脱现状，一展才干。这年秋天，他应邀前往济南，在山东巡抚文煜的幕府做文书，掌握了一些官府中必须了解的实用知识。

咸丰十一年（1861）八月，晚清政局发生巨变。咸丰帝病死于热河，不满5岁的载淳继位，即同治帝。新皇帝年幼无知，朝廷的最高实权暂成空缺，成为众人觊觎的对象。载淳的生母叶赫那拉氏（即慈禧）联络慈安太后及咸丰帝的弟弟奕䜣，与以肃顺为首的顾命八大臣展开夺权斗争，这就是历史上有名的祺祥政变。政变以叶赫那拉氏胜利而告终，国号也由祺祥改为同治。此后，慈禧开始垂帘听政，逐渐掌握了朝政大权。

同治元年（1862）春，张之洞终于顺利进京参加会试，此时距他中举已是九个年头了。因为少年科场的顺利，因为九年的意外折腾，也因为有这位状元堂兄的榜样在前，从小抱负甚大、自视甚高的张之洞，决心要在这次会试中夺魁。他极用心地做好八股文、试帖诗，文章花团锦簇，诗句珠圆玉润。他的试卷落到一个名叫范鹤生的房师案前。范鹤生见到这份试卷激赏不已，认为文笔有《史》《汉》之风，极力向主考官郑小山推荐。却不料主考官并不赏识，以额满为由摈弃。张之洞名落孙山，范鹤生异常惋惜，亲自到张之洞下榻的客栈看望。范鹤生是个性情中人，他安慰张之洞不要灰心，鼓励他明年恩科再来参试，张之洞心中十分感激。张之洞落榜后虽然仍被挑选为誊录第三名，但他不屑于书吏之职，于是怀着惆怅的心情，再次踏上回归的路途。

六月，他随给事中陆眉生前往河南归德，入河南帮办团练大臣毛昶煦幕府，协助防剿捻军。在此期间，张之洞曾代陆眉生作奏言事，文采斐然，受到最高当权者慈禧的赏识。慈禧早在张之洞中解元时便有所耳闻，但又惊讶他为何这几年内默默无闻，遂召来张之万细问。张之万告知实情，慈禧也为之嗟叹。不久，张之万外放河南巡抚，他不忘屡受自己所累的堂弟，便邀请堂弟张之洞来开封居住，一来好温习经史，二来也可帮衙门拟点文稿。张之洞拟定的《请厘定折漕疏》呈上后，受到两宫皇太后的嘉奖，认为"直陈漕弊，不避嫌怨，饬部施行"。即便如此，张之洞仍觉得大志难舒，心情抑郁，因此在代奏草章中，不时借机发挥，评论国是。其中有些过于偏激的评论，张之万笑着劝他说："你的文章写得棒极了，想法也是很好的，不过这些好想法，还是等你以后成为封疆大吏时再去实现吧。"

同治二年（1863）三月，张之洞再次入京城参加会试。此次试卷呈上后，正巧又一次分到同考官范鹤生手中，并由他极力举荐。四月初九发榜，张之洞得中第一百四十一名贡士。张之洞后来写诗，表达对老师赏拔提携的感激之情。

四月十四日，张之洞参加了复试，被评为一等第一名。接着在皇帝亲自主持的殿试对策中大显身手，他首先称颂当今皇上贤仁奋武，论述孔孟之道乃经世大法，接着用主要篇幅纵论当今国家内外交困、积弱不振的形势，提出匡时起衰的种种对策，洋洋洒洒两千余言。他不仅旁征博引，而且敢于指陈时弊，为朝廷提出具有建设性的意见，其中不乏"直言无隐"的胆大妄为之语。但这篇锋芒毕露、不袭故套的策论，却为老于世故的阅卷大臣们所不悦，准备将他由一甲第一名降至三甲（等）之末。而大学士兼军机大臣宝鋆看了张之洞的对策后，叹为奇才，力排众议，将其放在二甲第一名。答卷最后进呈两宫，慈禧太后对张之洞早有印象，当时也正是朝廷用人之际，于是将张之洞调升为一甲第三名，高中"探花"。这一提拔，关系重大。清制各科进士分为三等，即三甲，一甲三名，俗称状元、榜眼、探花，赐进士及第；二甲七名，赐进士出身；三甲若干名，赐同进士出身。在清制中，进士除了一甲三名照例授职翰林院外，其余的都要参加一次朝考，由皇帝在名单上圈点成绩优良的为庶吉士。换言之，只要进入一甲，便稳入翰林院。而排在二甲，即使为二甲第一名，也必须再经过考试，而且于功名、荣誉上都无法与前者媲美。正由于这一原因，慈禧成为张之洞感恩之人。

四月二十五日，宣布殿试最后结果的传胪典礼在太和殿举行，两宫皇太后和皇帝亲率三品以上文武百官，以及新科进士均得出席。仪式极为隆重，张之洞以一甲第三名的成绩被赐予进士及第，并授予翰林院编修的官职，一洗十年来艰难苦痛所带来的不平和愤懑，从此步入仕途。

对于张之洞来说，早得科名的影响是终生的。在官场上，科举出身与非科举出身之间差别非常大。通常情况下，非科举出身的官员不能就任礼部堂官，不能外放各省学政，不能主持乡、会试。曾国藩常以入三甲"赐同进士出身"为耻，"中兴名臣"左宗棠虽然为清廷立下了不世功勋，但因未曾中进士,终身以仅得"举人"引以为憾,这些都是人所熟知的儒林趣谈。显然,对于传统士人来说,科举功名具有与身家性命等同的价值,可见当时对"进士出身"这一身份的看重。

第三节 供职翰林院

张之洞在殿试中的出色发挥，高中一甲第三名"探花"，取得翰林资格，五月初八，授翰林院编修。

清朝的翰林院是一个外朝官署，掌编修国史，记载皇帝的起居，讲解经书，以及草拟册封、制诰等典礼文书之类，其主官为掌院学士，一般从各部尚书中选大臣充任。属官有侍读学士、侍讲学士、侍读、侍讲、修撰、编修、检讨、庶吉士等，统称翰林。每届科考后，只有一甲三名直接进入翰林院，并授给修撰、编修等官职，其余人还需通过考试，名曰"朝考"，择优录取部分人员入翰林院学习，称庶吉士，三年结业后再考试散馆，优者留院任编修、检讨，其余改授各部院给事中、御史、主事、中书或外放为知县、教谕。因此，清代翰林院被称为"储才"之所，名臣疆吏多由翰林出身，一步步升迁，官至极品，权重朝野。张之洞以新科探花的身份直接进入翰林院，并授予七品衔编修，起步不错，仕途似乎一片光

张之洞的《半山亭记》

明,但能否顺利地攀上权力的高峰,除了个人的造化,还要看机缘,因为并非出身翰林的人都能位至极品。

张之洞进入翰林院之后,很快掌握了各类文书的要领与程式,也能妥帖地处理好各类事情,受到上下一致好评。翰林院的工作相对清闲,张之洞有意识地广交朋友,并尽力参与一些政事。如在"胜保案"中,他便上奏要求严惩,有理有据,再一次证实了张之洞的才能,他在官场中开始崭露头角。

同治三年(1864)七月,清军攻陷太平天国天京(今南京)。上谕内外大小臣工各加一级,张之洞由七品晋升为从六品。然而张之洞的仕途并不平坦,从同治元年(1862)入翰林直到光绪七年(1881)年底出任山西巡抚的将近二十年里，虽然职位由编修渐升至侍讲学士，但始终只是一名并无实际职掌的闲散京官。翰林院是有名的清水衙门，他每年只有百余两银子的薪俸，要养活一家四口，日子过得紧巴巴的。但矢志匡时救国的张之洞并未因穷困而潦倒，虚度年华。头几年，他利用翰林院宽松的环境和优越的条件，查阅了大量的历朝文牍案卷，借以熟悉清一代的史实典故，也熟练地掌握了各类文书的写作技巧和程式，偶尔还代人草拟奏疏，练就一身日后从政言事的文字功夫。他的奏章主题鲜明，构思奇特，行文跌宕起伏，用词华美瑰丽，极具说服力和欣赏性，往往为士人传诵。

同治四年（1865）四月，张之洞参加翰林院散馆考试，名列一等第一名。然而，不幸依然伴随着张之洞。五月，与他相濡以沫十二年的结发妻子石氏病逝于京师寓所，这对张之洞来说是一个沉重的打击。石氏是张之洞生命里最重要的女人，在过去的11年时间里，石氏一直陪伴在他的身边，尽情尽责地做他的知音和贤内助。在他最艰难的时候，夫人在身旁为他鼓气；他得意忘形的时候，夫人委婉劝谏，使他清醒对待。如今自己即将步入宦途，正待一展抱负，夫人竟撒手而去，张之洞的精神上和心理上受到了沉重的打击，他陷入失妻之痛中无法自拔，一连作了十七首诗来纪念亡妻，悲痛之情跃然纸上。

龙具凄凄惯忍寒，箧中敝布剩衣单。

留教儿女知家训，莫作遗簪故镜看。

张之洞悲痛不已，大病一场。

同治五年（1866）六月，张之洞参加翰林大考，竟然发生了答卷脱漏一字这种低级错误，这是他多年科考经历中从未有过的。卷面脱字，是科举考试中的大忌,因此他仅列二等第三十二名。尽管如此,由于他前面的出色表现,还是被选派出任浙江乡试副考官。十余年的科场奋斗,至此终结,开始了漫长的宦海生涯,迈出他事业上真正意义的第一步。

第三章

三省学官，仁厚行事展清风

张之洞在担任学官期间，整顿学风，建立书院，提拔奖励有真才实学的人，颇得众望。他还对传统的教育进行改革，提倡经世致用的"实学"，强调以通读史经为学习的主要内容。

张之洞继承了家族开明开放而又务实的教育理念，并将其发扬光大。他的不少直系后代有留学经历，张氏后裔留学东洋与西洋，在军事和学术上均有造诣。这固然与张之洞主持洋务的开明密不可分，但这种中西结合的教育理念与他早期担任三省学官的经历也紧密相关。

张之洞希望将后代培养成国家栋梁之才，成为品行端正、为人楷模的贤良之士。张之洞的教育主张还体现在他对子女的家庭教育理念当中，他从点滴做起，以身作则，教育理念涵盖子女生活、成长的方方面面，这些理念也借由他所担任的学官职务、所创立的学院、所开设的课目而广泛传播。张之洞仁厚忠孝、开明务实的风范并不仅仅局限在自家家风上，更是在三地学风建设上留下了深刻烙印。

第一节 浙江乡试副主考

张之洞在京城做了几年翰林之后,在同治六年(1867)至光绪二年(1876)的十年之中,先后奉旨担任过两任试差、两任学差。在吏治腐败的晚清时期,试差与学差是翰林们捞钱的良机。"翰林翘首望差,阅三年得一试差,可供十年之用;得一学差,俭约者终身用之不尽。"但张之洞并未如此。深受"廉惠"家风浸润的张之洞,在步入仕途之后,越发廉洁自律。

同治六年(1867)四月,张之洞被钦派浙江乡试副考官,这是张之洞仕途的第一个实差。虽然只是个临时差使,张之洞仍然很兴奋。浙江素来文风鼎盛,人杰地灵,他希望此次主持浙江乡试,有所作为,能为朝廷选拔一些人才。三个月后,张之洞怀着十分欣喜的心情,随同正主考张光禄前往杭州。

张之洞虽然不贪图钱财,但正考官张光禄则未能免俗。张光禄已年过五旬，官至四品京堂，仕途上已无心进取，只图利用科场舞弊之机捞上一把，对监考、阅卷、录取等考务不是很重视，放手让正值盛年的张之洞去一手料理。然而，只要有受贿，就会给选拔人才带来重重障碍。张之洞深知其理，因此，从他上任便一直着意考虑着这些事情。

自咸丰以来，条子之风盛行，考生在纸条上约定诗文某处用什么字句，作为记号，凡是与考官、房官熟识的人都可呈递，也不乏托人转递。录取舞弊，士人中多有不学无术、沽名钓誉之徒。在这种情势下，出任学官不仅具有选拔人才的任务，更重要的是起着整顿士林风气的导向作用。果然，张之洞一到杭州，各种条子、金银财宝便通过各种途径递了上来。对此，张之洞一概拒绝。同时，他多次发现张光禄的受贿行为，可他并没有点破，他深知靠自己绝不可能打破这一陋习。

张之洞生性勇于任事，办事认真，在九天三场的考试中，他都亲临考场，散场后还与众多考生亲切交谈，然后对同考官评阅过的考卷逐一审定，任何枪请、夹带、抄袭等作弊行为都逃不过他的眼睛。按乡试定制，考生的试卷先由同考官，即房官评阅，将选中的试卷加圈加批推荐给正、副主考，成为荐卷，再由正、副主考校阅各房荐卷。张之洞恪尽职守，极力选拔英才。为了防止佳卷遗落，正、副主考还应将荐卷之外的余卷遍加校阅，称之为"搜落卷"。评阅试卷按制度虽有严格的规定，但乡试三场，试卷众多，一位房考十余天内要评完几百份试卷，常常看得头昏眼花。所以在当时的乡试、会试评卷中，"房考阅卷，亦非逐卷批点，不过走马观花，择其悦目者取而荐之，其余落卷，则预拟一空泛批语，如欠警策、未见出色之类贴之；并于文内补点数语，此卷便算毕命"。有些房考官比较懒惰，竟然将批阅试卷的事交给家丁来完成。相传某科有一举子落第，取落卷一看，内批"火腿一支"四字。原来，捉刀代笔的家丁竟然将应送到伙房的条子贴到了试卷上。

第一次出任乡试副主考的张之洞，一反科场旧习，秉持了认真选才的态度。为了选拔人才，他不辞辛苦，将乡试中所有试卷都逐一阅览。他选择人才的标准，不拘于文字格式，专看学问根底和性情才识，不少"不合场规文律"的士子被录取。

有一天，一个房官在为这样一份试卷为难：文章写得非常有特点，文采也特别出众，但有一个错别字。按照规定，这个考生是不能被录取的，这个房官犹豫不决便上报给张之洞，张之洞看了试卷后，啧啧称赞："这个考生太有才了，十分难得，我们当然要录取！"说完，他大笔一挥，就将这名考生录取了。这名被破格录取的考生就是后来的总理衙门大臣、晚清著名的外交家袁昶。张之洞本人的卓越才能，加上合理的选拔标准及认真负责的工作态度，所得人才之多，超过了以往的数场乡试，博得浙江士子的一致称誉，认为"今年张香涛以名士来浙主试，可谓乡邦之幸"。

发榜的前一天，张之洞到张光禄的住所商议榜示事宜，无意中发现从张光禄衣袋中滑落出一张五百两的银票和一张纸条，只见纸条上写着"某某学生敬上"，随手一摸，便知道里面是几张银票，这可是接受贿赂的明证，一旦告发，张光禄罪名不少。张之洞虽是第一次按临乡试，但对科场舞弊早有耳闻，不以为怪，便随手将银票和纸片捡起，置于桌案，若无其事地与张光禄核计中榜人员名单。张光禄的脸顿时变得通红，而张之洞似乎一点儿也没有在意，轻描淡写地将此事掩了过去。张光禄是个明白人，见张之洞如此宽容大度，不免心存感激，除将几名需要特别关照的考生补入，对张之洞拟定的名单不再挑剔。有了这样的基础，当年浙江秋闱收获极大，选拔出众多的实用之才。在这一年浙江录取正榜五十名、副榜十二名举人中，有不少人成为日后学术政坛的人物，著名者有袁昶、许景澄、陶模、孙诒让、谭廷献、沈善登、钱雨奎、王棻等十余人，人才之盛，为前后各科所不及。到光绪年间，有十余人显赫于官场文苑，令世人瞩目。其中，陶模成为封疆大吏，官至两广总督，对洋务颇有引进；袁昶则成为有名的外交官，曾于光绪年间在内阁总理各国事务；许景澄官至总理各国事务大臣兼礼部侍郎、大学堂总教习、管学大臣，也是有名的外交官员。此外，沈善登精通算术，钱雨奎深于律法，均为近代绝学之人。这些人才的脱颖而出，均得益于张之洞的慧眼。

结束了繁忙的选拔工作，张之洞因操劳过度而久病不愈，他利用短暂的休息时间游览了西湖，在坊间购得多种善本书，专程前往著名学府经诂精舍拜访国学大师俞樾，遂欣慰地称此行了却三愿："佳士，奇书，好山水也。"果然不虚此行。朝廷对他的不辱使命给予高度评价，喜讯传来，张之洞被任命为湖北学政。离开杭州后，他又顺道经过苏州，游览了宋代被列为"五山十刹"的虎丘禅寺和苏州四大名园之一的沧浪亭。

第二节 湖北学政

同治六年（1867）八月，张之洞被任命为湖北学政。学政，全称为提督学政，俗称学台，为钦差之官，是科举制度中的一个重要官职。学政通常由进士出身的翰林院及各部的官员充任，任期三年，掌管一省的学校、士风、文风之政令。学政也为一省之大员，凡通省兴革之较大的事宜，参与会议，与总督、巡抚商议以行事务。学政到任后主持院试，巡历全省，第一年举行岁试，第三年举行科试，从童生中选拔生员，考核各府州县学的生员，掌握着对诸生的奖惩升降大权。张之洞刚过而立之年便获此要任，自然格外振作，来不及回京谢恩，便溯江而行，于同治六年（1867）十一月十三日抵达湖北省城武昌，十六日到学署接篆视事，并奏报朝廷。

在张之洞看来，试差与学政之职，不仅在于衡文校士，更重要的是为国家培养人才。他在出任湖北学政的奏报到任疏中说："学政一官不仅在衡一日之短长，而在培养平日之根柢；不仅以提倡文字为事，而当以砥砺名节为先。"张之洞为湖北试院写的楹联是："剔弊何足云难，为国家培养人才，方名称职；衡文只是一节，愿诸生步趋贤圣，不仅登科。"不为良相，则为良师，身受儒家传统文化陶冶的张之洞，有着自己认定的理想事业和人文关怀，培养人才，维护道统。张之洞强调"砥砺名节""步趋贤圣"，显然是有感而发。当时太平天国刚刚过去，湖北作为太平天国长期占据之地，读书人深受反孔孟及朝廷等思想的影响，许多人投效太平军并为之殉难，当务之急，是恢复读书人对孔孟等圣贤之道的信仰和对朝廷的忠诚。

张之洞针对当时空疏的学风和文风，主张经世致用，不断破除传统教育的积弊。张之洞特别注意推广实学，也强调治学要有品行。除此之外，张之洞还特别注意破格提拔人才，他一上任即发出题目，命各属召集诸生，进行课试，认真选拔人才，并亲自批阅试卷。张之洞认为考试是"因题为文，仅见一斑"，考虑到诸生"学业文章，各有优绌"，特地发出了较多题目，允许诸生根据自己的特点来选择试题，以便各尽所长。仅靠考试不能检查考生全部才学和各种能力，考试不应该是选择人才的唯一途径，他主张学生如"其有平时学术渊源，具有著作……可随同试卷，一并递阅"。

为了不拘一格选拔人才，张之洞推出革新之举，想通过各种办法选拔、识别人才，平日具有著作的士子，可以随卷送呈。在巡视各府州县时，张之洞感到湖北有才华的学子很多，但科场的积弊也不少。他每巡视一地，便"以端品行、务实学两义"反复训勉诸生，对学业优秀者予以奖励，浮华不实者予以黜革，徇私舞弊者予以惩处，湖北的士习文风有了改善。他又将选拔出来的优秀生送入"江汉书院",还捐出自己的养廉银为书院购置了一批经史书籍,并选择诸生试卷中文笔雅驯者,编为《江汉炳灵集》刊行,作为诸生学习的范本。此书刊行后,时誉颇佳。

生员的录取名额,各州县原有定数。自咸丰以来,为了筹措饷银,凡向政府捐资助饷的州县便可"准广学额",录取名额虽然增加,但因人才有限,滥竽充数成为积弊。据张之洞的调查,湖北增加的名额已经为原定的两倍,不少"根柢浅薄,文艺粗疏"者也被录取。于是,初学者不认真学习而怀侥幸心理,幸中者不思上进而学问荒废,学官因生员过多而疏于约束,导致士习文风的败坏。张之洞便上疏朝廷,请求整顿。他说:"取额过宽,则士林之流品杂,其于士习文风,殊有关系。"请求朝廷下谕各省督抚:凡呈请增广名额时,必须"切实榜减",有关部臣将原有的规定"量加变通,稍为从严",被录取的生员名实大体相符,而不至于出现文风日下的状况。

清代的传统教育机构主要是学宫与书院。乾嘉以后,由于学宫经费不足,教官失职,不少地方逐渐停废,于是书院便日益成为重要的教育机构。在同治年间,湖北全省大约有130所书院,这些书院绝大多数只是考课,即定期举行科举考试的模拟测验,偏重于八股制艺,没有讲学的色彩,与经世致用脱节。看到湖北的书院大多陈旧不堪,张之洞又开始了创建新书院的活动。怀着满腔热情,张之洞拜见了湖广总督兼署湖北巡抚李鸿章,提议在武昌创建文昌书院(后改名经心书院)。李鸿章爽快地答应了张之洞的请求,并迅速拨出两万两白银予以帮助,选定在文昌宫附近地段修建书院。经心书院在张之洞的大力倡导下开始动工,张之洞为这一工程倾注了大量的心血，后期工程资金短缺，他又捐出自己的养廉银一万两，书院最终顺利建成。"拔其优秀者，读书其中"，书院不教授八股制艺等应试科目，所研习的为经解、史论、诗赋、杂著等，标榜实学，注重经世致用。

同治八年（1869），经心书院初建，张之洞亲自题写院名，并亲自挑选各地成绩优异的高才生数十人入院读书；光绪十五年（1889），经心书院进一步扩建和改制，院舍设在武昌三道街（今武汉市第四十六中学内）。后迁建，书院规模相当宏大，共有学生教室、宿舍4栋80余间，并建有天文台和图书馆。经心书院开办之初沿袭封建旧制，教学内容局限于注解、史论、诗赋和杂著四种。甲午战败后，学习科目改为天文、舆地、兵法与算学。经心书院从创办到结束共有34年的历史，造就了如杨介廉（湖北实业厅厅长）、杨惠康（湖北财政厅厅长）、李书诚（湖北民政厅厅长）等大批人才，在晚清和民初影响颇大。

同治九年（1870）春，失去妻子五年的张之洞，娶了唐氏，唐氏是湖北按察使唐树义的女儿，二人很是恩爱。

张之洞把学政定位于"为国家培养人才"，而且始终致力于此。因此，一般人视为发财良机的"美差"学政一职，对于张之洞来说，反倒是个"苦差"。同治九年（1870）十月，三年的学政任期已满，在卸任回京之际，张之洞回首三年来在湖北的作为，感慨自己付出了不少心力，也得到了湖北士人的好评，唯因公务劳苦而早生白发。他在给妹妹的一首诗中写道："人言为官乐，哪知为官苦。我年三十四，白发已可数。"这三年的辛劳之苦，为他赢得重教惜才的美誉，被曾国藩誉为"颇惬众望"。

第三节　四川学政

同治九年（1870）十一月，张之洞携新婚不久的妻子唐氏离鄂返京后，再入翰林院。此时清廷已剿灭了太平军、捻军，政局相对稳定，举国上下出现了表面上的"同治中兴"升平气象。在这样的大背景下，张之洞在京师度过了两年"清流雅望"的悠闲生活，他结识了京城名士潘祖荫、王懿荣、吴大澂、陈宝琛等人，整日流连于诗词唱和、吟联对弈当中。张之洞以其卓越文才很快成为大受欢迎的人物，为他日后跻身清流党准备了思想意识与社会交往方面的条件。

同治十一年（1872），唐夫人不幸病逝，留下一子仁颋，张之洞又经受了一次丧妻之痛。

同治十二年（1873）六月，37岁的张之洞奉旨出任四川乡试副考官，三个月后被简放为四川学政。这是他四年来第三次出任考官和二度简任学政。张之洞入川后，经过一番实地考察后，发现四川科场作弊的现象十分严重。

四川科场的弊病是多年积累而成的，根深蒂固，朝廷也曾派员整顿，但是收效甚微。科场舞弊形式多样，常见的有"枪替"（雇"枪手"代考）、"联号"（涂改编号）、"通关节"（与考官串通作弊），更严重的是"拉撬"现象，就是使用暴力绑架相关人员，勒索重金方才放回。此外，各类考试中绑架考生、殴打官兵、扰乱考场的现象也屡见不鲜，四川科考实在是一个难以收拾的烂摊子。他认为："欲治川省之民，必先治川省之士。"所以，张之洞一到四川学政任上后，便采取措施，清除科场积弊，整顿士林陋习。针对四川幅员广大，考生众多，科场弊端较他省为甚的实际情况，他表示一方面要励以廉耻，端正不良士风，勉以读有用之书；另一方面，要唯力是视，整顿科场积弊，转变不良考风。

同治十三年（1874）正月，张之洞接任四川学政后第一次主持成都府岁试便遭遇了"拉撬"，竟有数十名手持大刀短棒的壮汉直扑人群，劫持十余名考童，呼啸而去，而为首者竟是名叫兰廷尉的武举人。此人素行不法，官不能治。这一事件使张之洞深感问题的严重。张之洞得知匪首兰廷尉身手不错，在四川境内颇有名气，心想若能制服此人，就可起到"杀一儆百"的作用。有了这个主意，张之洞不惜屈就写了一封情义真挚的信札，派人持函邀请兰廷尉，商量有关武生考试之事。兰廷尉从未受到官府如此礼遇，便不顾旁人劝阻，独自一人来见张之洞。谈话当中，张之洞渐渐提及科场弊病事，责怪兰廷尉来考场作乱。二人意见不合，兰廷尉愤愤然要转身离去，张之洞命早已埋伏好的兵丁将兰廷尉擒住，投入大牢。

四川多山区，少数偏僻的府厅更为崇山峻岭、湍急江河所阻隔，历任学政鲜有亲历。张之洞不畏险阻，在一年多的时间里，走遍了府、厅（州），巡视督察。在张之洞不辞辛劳的跋涉奔波下，抓获四川省不少有名的"枪手"、匪徒，严惩不贷，取得了很好的效果。

按科举定制，应考的童生应向本县礼房报名，填写本人姓名、籍贯、年龄、三代履历。凡属倡优、皂隶子孙或居父母之丧者皆不得应考。所以须五人联保，由本县一名廪生做担保人，开具保结，以证明确系本县籍贯、身家清白，方准应考。因而出现廪保收受贿赂、借机勒索，考生隐瞒真情、冒名顶替的舞弊现象。

光绪二年（1876）三月，张之洞上奏朝廷，提出整顿四川科场积弊的八条办法：禁鬻贩、禁讹诈、禁拉槛、拿包揽、责廪保、禁滋事、杜规避、防乡试顶替。他采取多种措施，明察暗访，并积极依靠各级力量，对办事得力者予以奖励，对推诿拖沓者予以惩戒，在各级官吏中有效地建立起监督机制。他还注重将监督牵制机制推广到各个层面。例如，针对考试中有武童生闹事现象，规定武童考试，必须有数名教习做保人，如果没有便不准参加考试。这样，教习在作保时便担了一份责任，武童生也不敢贸然生事了。张之洞还特别强调了检举制度，对检举有功者予以重赏。

张之洞本人不贪金钱，不畏强暴，论才学，论品行，无一不是四川学界之典范。因此，他在处理事情时得到了人们广泛的支持。经过张之洞全方位的整顿，昔日"弊窦日巧，盘结日深"的四川考试积弊得以"渐觉廓清"，四川科举弊病便真正得以革除，士风、学风的面貌为之一变。张之洞感到十分欣慰，"四川督学署积尘盈屋，我次第扫除过半耳"。为务绝根除，不使作奸犯科者逾时复萌，他奏请将以上八条著为定章成法，永远遵行。三年学政任内，张之洞为四川省的教育事业开辟了一个新的局面，功不可没。

有了良好的风气，张之洞便可以广泛地选拔人才了。这一时期，他的选才标准与任湖北学政时没有多大区别，仍然特别注重经史根底之学。但凡有一艺之长者，无不甄录，但他的视野尚未脱离中国传统选士的模式，难以与日后的成就相比。不过，在当时整个中华大地，张之洞的功绩还是卓然不群的。为选拔人才，他真正做到了礼贤下士，或访名宿，或敦勉后进，或于大考中全阅试卷，或在府县书院、塾馆中巡视，其殷殷之情，令人钦佩。也正因如此，一大批颇具实才的学子争相聚拢在他的周围。最受张之洞器重的得意门生中，就有日后"戊戌六君子"之一的杨锐。

除整顿学风、选拔培养人才外，张之洞在担任四川学政期间还提出人才之兴在于办好书院。他与四川总督吴棠筹划，在成都南校场石犀寺附近修建了尊经书院，希望通过尊经书院培养一批"通博之士、致用之才"，然后学成而归，倡导乡里，纠正学风，达到化民成俗的效果。书院的第一任山长由工部侍郎薛焕担任，负责书院的日常管理、讲学等一切事务，并聘任王闿运、钱铁江、钱徐山等名儒担任主讲。首批学生从全省三万余名生员中择优选拔一百余名高才生，以后每逢科岁两考，在各府县考取的第一、二名秀才、贡生中调取入院学习。尊经书院成为全四川书院之楷模和士人荟萃之地。

当时川中闭塞，书籍匮乏，不能满足尊经书院的需要。张之洞慷慨捐资，购进经、史、子、集等书一千多卷，并倡议在尊经书院后面修建尊经阁，后经不断充实，藏书十分丰富，有图书典籍、中西时务书报、挂图、仪器、标本等，供诸生借阅研习。公务之余，张之洞还亲临书院，为诸生讲经论史。

张之洞还对尊经书院的课程设置、教学方法加以改革，提出"非博不通，非专不精"的治学方法。他认为经学、史学、小学、地理、算术、经济、诗词、古文等都有学问，应该"无所不通"。他要求学生认真读书，涉猎广泛，同时又根据自己的兴趣和志向，选择两三门"专门精求"，"期必有成"。书院所授课程为经学、史学、小学和辞章，尤其重视通经。学生平日以自学为主，规定学生必备日记一册，记录每日看书的起止以及心得疑问。山长每五日与诸生会于讲堂，检查诸生的日记，凡是不认真记录者必受罚。每月进行"堂课"和"官课"两次考试，堂课由书院主考，官课则由总督、藩司和成都府轮流主考，成绩优异者将获得奖金，每次考试有经解、史论、赋或杂文、诗各一首。在这种严格的教学制度和考试程序的规范下，书院学生处于竞争奋进的学习状态。在张之洞的倡导下，尊经书院逐渐形成了"沉静好学、崇实去浮"的学风，四川学林的风气为之大变。学政任内的兴办书院之举，是张之洞真正介入文化教育的契机。当他从四川学政离任时，深感"身虽去蜀，独一尊经书院港港不忘"。后来张之洞出任封疆大吏，仍不断地兴书院、办学堂，始终对文化教育倾注着极大的热情。

张之洞为了指导尊经书院的学生和全省士人读书，还写成了《輶轩语》和《书目答问》两书。如果说书院的建设只是为士子提供读书的场所，那么《輶轩语》和《书目答问》的编撰便指明了向学的路径。有人称："南皮学问文章，足为师表，余读《輶轩语》《书目答问》后，奉为指南。"甚至梁启超也说:"十三以后,得读吾师训士之书,乃知天地间有学问之一事。"可见二书对传统士子的导向作用。

《𬨎轩语》是张之洞在四川各府县按试之后,以学政的身份对各地生员所写的教戒之语,多为治学的经验之谈,主要是向士子讲授如何做人、如何读书以及科举应试的一些基本道理与方法。𬨎轩,原指使臣所乘的

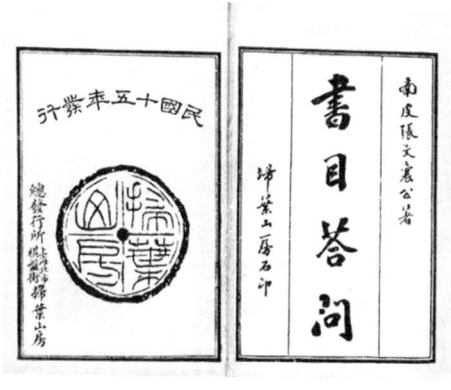

扫叶山房石印本《书目答问》书影

《𬨎轩语》书影

一种轻车,张之洞以学政使蜀,因而取此书名。张之洞自称书中内容"颇甚浅近,间及精深""深者为高材生劝勉,浅者为学僮告戒"。针对当时"世风"与"士习"严重败坏的情形,他对士子提出了"德行谨厚""人品高峻""立志远大""砥砺气节""习尚俭朴"等品德行为方面的要求;指明了阅读经史子集的具体门径和治学方法,提出了读书治学的一些重要原则,如"读书宜读有用之书",提倡"读书期于明理,明理归于致用"的经世学风,希望以端正学风来挽救世风和改变士习。当然,他并不希望士人"尽作书蠹",而是旨在造就"扶持世教,利国利民"的经世之才。

《书目答问》是一部专为士子指示"读书门径"的目录学著作，学者缪荃孙帮助订正。书中为学子开列出应阅读书目，包括四部图籍2200余种，大体上涵盖了"端品行，务实学"的国学重要著作，末尾还附录《国朝著述诸家姓名录》，指明清人学术的流派。全书吸取了清人治经的成果，谈到一些版本目录学的知识，对初学者来说是一本简明实用的入门书，因而素为学界所推崇，在中国近代学术史上是有相当地位的。对于当时的蜀中学子来说，更是大开了眼界。同时此书还是张之洞用以"教士"的工具，"以经学提倡士林"。

张之洞在四川学政任内，更觉"此差非乐境"，忙得连自己的婚事（续弦）都"无暇议及"，甚至没有时间与京师友人通信。他的精力与心血几乎全部用于教育事业。光绪二年（1876），张之洞娶了自己的第三任夫人，四川龙安知府王祖源的女儿王氏。王氏是张之洞好友王懿荣的妹妹，是张之洞在四川任学政期间，在好友王懿荣的撮合下，最终结成良缘。实际上张之洞和王氏早在之前就已经认识，当年王懿荣在京城的时候，是张之洞的邻居，王氏也因此与张之洞结识。王氏温文贤淑，知书达理，才华出众。张之洞担任龙安府主试时，王祖源正任龙安知府，当时四川督抚吴棠从中促成，二人得以完婚。王氏善作画，是名副其实的才女，还是一个合格的贤内助。但好景不长，光绪五年（1879），王氏病故，只为张之洞留下了一个女儿张仁准。王氏去世之后，张之洞再没有续娶妻子，虽然他纳了李氏、秦氏等作为侧室，却都没有把她们升为正室。

同治六年（1867）到光绪二年（1876）的十年，张之洞出任学政和乡试考官，这一特殊经历，使他对文化教育和人才培养制度的利弊有了较他人更为全面的了解,为其日后推行相关制度的近代化改革准备了思想条件,当时张之洞也因此被称为精通学务之第一人。

光绪二年(1876)年底,张之洞任满交卸四川学政。四川学政本来收入丰厚,按照惯例可以获得参费银两万两,但他坚辞不受。由于平时廉洁自律,同时又将俸银捐给尊经书院购书,以致囊中羞涩,张之洞竟然连回京的路费都不够。他不愿惊扰别人,只得将所刻"万氏族书经版"变卖,方始成行。

返京后,他的生活仍然十分窘迫,40岁生辰酒席无钱筹办,还是身怀有孕的王夫人典质衣物方得成事。这种清廉的作风,与当时官场上下风行的腐朽作风形成鲜明对比,令人赞叹。

光绪三年(1877)二月,张之洞回到原任,充翰林院教习庶吉士,官阶六品,继续做一名无实权实责的闲散京官,等待朝廷的重新任用。

第四章

"清流"健将,妙笔生花显身手

张之洞在科举上的少年得志,多年的学官和词臣为他积累了名声,成为"清流党"的一名得力干将。在翰林院中,他与张佩纶、黄体芳、宝廷、刘恩溥、陈宝琛共称"清流六君子"。张之洞的礼孝、廉洁、直谏为世人所称赞颂扬,堪称后人廉洁为官的楷模。

第一节 "青牛角"

光绪三年（1877）至光绪七年（1881），张之洞居官京师，先后充教习庶吉士，补国子监司业，补授左春坊中允，转司经局洗马，晋翰林院侍读，充日讲起居注官，又转左春坊左庶子，补翰林院侍讲学士。这一系列职官，均无多少实责实权，但是在这段时间里，张之洞并没有因闲职而闲着。他加入"清流党"的行列，与一班同气相求的儒雅名士互相标榜。

张之洞像

"清流"与以它为名的群体所进行的具体的政治活动相联系，并在特定的政治社会环境发生作用。在特定的历史时期，一些士大夫以儒家的政治理想和道德原则相号召，以"清流"为名，形成政治集团，提出一致的政治主张。晚清,由于受社会风气的影响,"清流"又有着与前代"清流"不尽相似的特点,他们有捍卫传统的一面,在"西学"的冲击下,又有着变通"中学",以适应时代发展的一面。晚清"清流"兴起,主要是因为当时言论比较开放,这也与宫廷权争和朝臣党争有一定的关系。他们是权力斗争的工具,但又在政治斗争的夹缝里鼓荡声势,成为晚清时期一股不可忽视的政治势力。"清流党人"以名节相标榜,评议朝政,臧否人物,凌厉无比,在对外关系方面,一味强硬,积极主战。

"清流"是光绪初年崛起的一个政治派别,作为当时的一个政治群体,它直接影响了晚清政局。"清流"又指一批知识分子精英,作为一个文人群体,它反映了晚清士大夫的心理状态。以1884年的甲申易枢为界,"清流"大致分为前、后两期,"前清流"以李鸿藻为首,核心成员有张之洞、张佩纶、陈宝琛、宝廷、邓承修、黄体芳、吴大澂等人。李鸿藻因曾为同治帝的师傅,颇受两宫器重。他以帝师之尊入值军机达十几年之久,又与恭亲王友善,门生故吏广布中外,一时权力显赫,一批文官词臣争相攀附,以为进身之阶,李鸿藻亦大加援纳,以广声势。这样,以李鸿藻为中心,在朝廷形成了一个被标榜为"前清流"的政治集团。他们以志节自负,廉洁自许,自认为有着良好的道德品行和名声,所以对官场的陈腐、昏庸现象极其痛恶,对一些"不正"行为的纠弹毫不留情。

"清流"初兴之时大多数是职处翰、詹、科、道的京官,尤以供职翰林院的居多。他们的职务也属于那种享有清誉并无实权的"虚职",因此他们在官场的身份并不显赫,但由于他们都是通过层层科举考试的选拔,中进士,入翰林,身份、地位非同一般。他们都是一些饱读诗书的士大夫，传统文化功底深厚，在学术上的某些领域造诣颇深，自然奠定了他们在文坛的领袖地位。除在文坛拥有的崇高地位，他们的政治影响不可小觑。他们多属讲官和言官，左右着朝野的舆论。当然，频频上书言事，纠弹朝政，投合了以慈禧为首的政治集团需要，她需要借助"清流"来牵制和打压一些过于膨胀的政治势力，巩固自己的地位。他们攻击权贵，议论时政得失，左右舆论，成为一股重要的政治势力。同光之际清流党的兴起与存在，一方面是所谓"同治中兴"局面的外在表象；另一方面，是善于玩弄权术的慈禧太后借以操纵朝政的工具，主要用来控制恭亲王奕䜣和李鸿章等权势日盛的洋务派大臣。

清流派以军机大臣李鸿藻为首，被人称为"青牛（清流）头"。李鸿藻是直隶高阳人，曾因力阻重修圆明园而名噪当时。与他密切联系的清流党人多为北方籍京官，如潘祖荫、李慈铭、王懿荣、张佩纶等。张之洞早在外放学政以前，便与潘、李等人过从甚密，后来又续娶王懿荣的妹妹为夫人，任满回京后，又结识"清流"健将张佩纶，引为同调，渐成"清流"中坚，因其遇事敢为大言，针砭时弊，思虑周密，"两张"被人戏称为两只"青牛角"。他与张佩纶、黄体芳、宝廷并称"翰林四谏"。

从一些史料中能够看出，张佩纶等人的言行常带有强烈的意气之争。张佩纶一次罢朝归来，大呼道："今日连劾六大权臣，举朝未有之事，甚爽，甚爽！"弹劾要事竟成为呈一时之快感的行为，这便意味着政治上的幼稚。而张之洞则不同，他与张佩纶等紧密配合，互相呼应，他更注重审时度势，有进有退，力求于大事要事中展露锋芒。他的纠劾之文也大多对事不对人。这在某些人看来似乎是其圆滑玩弄权术，但如果就事论事，其言行却取得别人难以取得的好效果。可以说，张之洞更注重最后的结果，至于怎样达到，则可以灵活处理。

在此后的四年中，张之洞充分发挥自己在进谏方面的优势，不避嫌怨，不计祸福，敢于犯颜直谏，表现了其秉公持论、伸张正义的"清流"本色。他针对为政流弊所在和君主之忧，接连上了几道极具反响的奏疏，提出解决问题的办法，以解君忧或匡君之不逮，赢得了朝野内外的一致赞赏。

第二节　巧解继统继嗣之争

同治十三年（1875），亲政刚一年的同治皇帝忽染重病驾崩。同治皇帝不仅没有留下子嗣，也没有亲兄弟，谁来继承皇位是个大问题。按照清朝祖制，同治皇帝无后，挑选的目光不得不扩大到道光皇帝的曾孙辈，即咸丰皇帝亲兄弟的孙辈，即爱新觉罗氏溥字辈中选其贤者为皇帝嗣子，以皇太子的身份即帝位。这样一来，慈禧便成了太皇太后，按祖制不得垂帘听政。慈禧太后经过一番权衡，决意立醇亲王奕譞的儿子——年仅4岁的载湉登基为帝。载湉长得清秀活泼，并且年幼无知，完全可以按照自己的意愿来培育，还有一个原因——他是慈禧的胞妹所生。但载湉却与同治同辈，这与清廷祖制不合。为平息朝野众议，慈禧太后下懿旨宣布：光绪皇帝生了儿子后，不能算是他的儿子，只能算是同治皇帝的儿子。只有同治皇帝的儿子，才能继承同治皇帝的帝位，光绪皇帝只是一个过渡。这一提议当然遭到朝臣的议论，但慈禧太后很快压制下去。

光绪五年（1879）闰三月，同治帝的陵墓已建好，朝廷在清东陵举行了隆重的大葬典礼。随行百官中有一个吏部主事叫吴可读，在典礼完毕回京的途中，以死相谏，并在他的身上搜出一份遗折。折子上说，当时同治帝驾崩时，太后的懿旨只讲继嗣而没有讲是继统，历史上曾有继嗣而不继统的先例，甚至有为争夺皇位继承权而杀害先帝嗣子的事，为不让大统旁落，请太后立即为同治帝立下嗣子，并力陈嗣子即嗣君。吴可读自知犯了逆鳞，干脆一死了之，便出现了大清朝绝无仅有的"尸谏"。由于此事关系到王朝的江山统治，慈禧太后不得不做出一个决定，将吴可读的遗折公之于众，让王公大臣、六部九卿、翰詹科道都来议论议论，她要借此看一看恭王府的反应，也要借机考察一下朝廷中有没有实心替她排忧解难、有识有谋的能干人。

此时，张之洞已补授国子监司业，他慎重地审时度势，充分运用自己深厚的经学基础、广博的学识才华，针对吴可读的言论，与宝廷联衔上疏，逐条回答了吴可读的指责，提出十分精辟的见解。首先，张之洞明确阐发五年前两宫太后的懿旨：立嗣即立统。如此，吴可读所言同治帝大统旁落一说便不能成立。其次，今后同治帝的后嗣就是当今皇上的亲儿子，既是自己的亲儿子，那就绝无加害的道理。吴可读的顾虑是多余的。再次，不能按吴可读所言，预先指定一人既继嗣又继统，因为这违背了家法。慈禧读完张之洞这篇奏疏后，满心欣慰，用这样简洁而明晰的语言，把吴可读遗折中提出的立嗣立统的复杂难题，剖析得如此清楚，既深知自己心中的难处，又把当初匆匆发下的懿旨的隙漏弥补得天衣无缝，自己想说而又说不透的道理，竟被此人讲得这等圆满无缺，真可谓难得。

张之洞此疏既迎合了慈禧，又以其精密深刻的论证使持异议者无以与之抗衡，一下将一潭浊水澄清。慈禧阅过此疏后，眉开眼笑，不胜赞赏。接着，她令军机处拟就懿旨，颁发下来，这场沸沸扬扬的风波很快结束。

第三节　平反东乡惨案

清政府为了筹集镇压太平天国的军费，在四川横征暴敛。除地丁银，还增加了津贴、捐输和其他杂税。东乡本是川东一个土地贫瘠的穷县，地丁银加上各种税捐差不多翻了近十倍。负责征收钱粮的官吏百般勒索，民众痛苦不堪。光绪元年（1875）六月，乡民七八百人高呼"粮满民安"的口号，聚集县衙门外请愿，向官府提出清算粮账、减轻负担的要求。知县孙定扬见请愿人众声势浩大，便谎称百姓聚众谋反，报请绥定府派员安抚。知府易荫芝亲自率兵赶来，但他见到形势并非如孙定扬所说的"作乱"，不愿轻举妄动，而是派官员宣示核减税额，跪地画押，百姓方始散去。孙定扬却并不罢休，他不仅继续以"民叛"奏署四川总督文格，要求镇压，而且反诬易荫芝"坐视民变而不发军"。护理川督文格得报后，听信孙定扬的一面之词，严令官兵镇压，尤其是虎威宝营记名提督李有恒嗜血成性，率士兵见人就杀，见寨就毁，冤死村民竟达四百余人，他还命令部下抢掠财物并以剿匪名义上报邀功。

遭遇浩劫的东乡民众含冤不平，第二年推举代表袁廷蛟进京告状申冤。东乡案由此传入京城，轰动朝野。都察院御史吴镇、掌陕西道监察御史李廷箫、内阁中书萧宗瑀等川籍京官得知惨案真相，联名上疏弹劾，请求对造成冤案的文格、李有恒、孙定扬等人予以严惩。迫于形势，文格将李有恒革职，同时自请处分。于是清廷将文格调为山东巡抚，令丁宝桢为川督彻查此案。而丁宝桢上任后仍试图将此案大事化小，不了了之。光绪四年（1878），张佩纶上书弹劾丁宝桢，请求复审东乡一案。朝廷不得不另派告老回乡的前两江总督李宗羲前往东乡复查。经过明查暗访，基本弄清了事实真相，李宗羲据实奏明。朝廷再派礼部尚书恩承、礼部侍郎童华为钦差大臣赴川复审，两人到川后，官官相护，结果仍是维持原判。

东乡冤案因张之洞的上疏而有了转机。东乡惨案发生时，张之洞在四川学政任上，当他按试到绥定府时，应试的东乡童生都不按试题做文，"试卷所书，悉为冤状。"光绪五年（1879）五月十一日，张之洞一天之内连上三折，即《重案定拟未协折》《陈明重案初起办理各员情形片》《附陈蜀民困苦情形》，陈述这是由于知县孙定扬污蔑民众闹粮为谋叛，并请派兵镇压所引起的惨案。他详细地叙述了惨案起因和经过，揭露了四川东乡横征暴敛的详情，并举出四川地方官大量苛征勒索的事实，张之洞表示要为四川百姓"痛哭流涕而诉之于天地父母者"。接着他列举本朝先帝严禁苛征加派民负及爱惜民命、严惩等事例，请求朝廷为了王朝的长远利益，严惩制造东乡惨案的罪魁祸首，"臣愚以为：不诛孙定扬，不惟无以谢东乡千百之冤魂，无以服袁廷蛟，并无以服李有恒"。张之洞的奏折笔锋犀利，有理有据。慈禧太后对张之洞的直声敢言早有所闻，见三折言之凿凿，情切意笃，立即谕刑部重新审理。

张之洞继续密切关注此案的进程，当他听说山东巡抚文格被调入京，要授其库仓大臣时，马上写出《大员关涉重案请令听候部议折》，直接促使朝廷开去文格库仓大臣之缺，下部议处，此案的种种障碍渐渐被平除。

不久，这一牵涉面极广的惨案终于有了公正的处理。光绪五年（1879）六月十七日，清廷正式公布对东乡案重新审理的结果：东乡百姓"闹粮仇斗，并非反叛"，下令惩处有关官员以平民愤。孙定扬、李有恒滥杀无辜，由革职罪改为斩监候；前护理川督文格革职，川督丁宝桢降四品留任，受命复审案情的恩承、童华也因议罪失当受到申饬。此外，与此案有关的数十名文武官员以及东乡劣绅，均受到或轻或重的处罚。同时，饬令东乡县不准浮收，永远不准设立支应局，不准劣绅插手征收钱粮。沉冤四年之久的东乡一案被张之洞在一个月内翻案，终于得以昭雪，朝野上下一时议论纷纷，张之洞也由此而声名大著。

张之洞曾说："须知声名功德是本官的，余光治润是众人得耳。"在他看来，一个官员品行如何，主要看他是不是真心给百姓办事。一个官员一生做的最值得称道的，应该是在百姓心中留下一个好名声。

第四节　力阻崇厚卖国

光绪五年（1879）八月，张之洞补授左春坊中允。九月，转司经局洗马，司经局的职责是掌管经史图籍，洗马则为司经局的主管官员，为从五品。

从19世纪70年代后期起，中外矛盾日益激烈，边境冲突纷至沓来。外国列强对清朝领土虎视眈眈，外敌侵扰事件频频发生，其中沙俄在西北觊觎大清边疆已久。

同治三年（1864），沙俄强行与清廷签订《中俄勘分西北界约记》，割去了清巴尔喀什湖以东约四十四万平方公里的领土。同治四年（1865），浩罕汗国（今乌兹别克斯坦境内）军官阿古柏在英国支持下，利用新疆混乱的局势，占领南疆八城，建立"哲德沙尔"汗国，自称"毕条勒特汗"。阿古柏在新疆进行了长达12年的神权统治，使新疆人民陷入水深火热之中。同治十年（1871），当阿古柏侵犯北疆时，蓄谋已久的沙俄以清政府不能安抚地方为名，悍然出兵占领新疆伊犁地区，名为"代管"而久占不去。清政府派署理伊犁将军荣全与沙俄进行交涉，但没有任何结果。清政府从自己的切身利益出发，权衡利弊，采纳了左宗棠收复新疆的建议。光绪二年（1876）至光绪四年（1878），"老成谋国，素著公忠"的左宗棠率大军进入新疆，排除万难，最后平定了阿古柏之乱，阿古柏战败自杀。光绪三年（1877）十一月，清军收复了新疆除伊犁外的全部领土，要求沙俄归还伊犁，沙俄自食其言，推诿耍赖，要求"先议后交"。

光绪四年（1878）六月，清政府派以崇厚为首的钦差大臣赴俄交涉，索还"代管"的伊犁。听说朝廷派崇厚前往沙俄交涉，朝中许多深知其为人的大臣都深表忧虑，而密切关注中俄关系发展的张之洞，更是忧心忡忡。他代张佩纶上疏，在奏疏中，他提议让崇厚启程之前，先去新疆亲身体察那里的形势，了解具体情况，这样在跟俄国交涉时，就可以做到心中有数了；并且还提议让崇厚去沙俄之前，先与左宗棠商量，因为在新疆与沙俄的问题上，左宗棠最有发言权。然而清廷对于这样的合理化建议，根本未予以采纳。等崇厚到了沙俄，由于他不懂外交、不明新疆的具体情况，在俄方软硬兼施、威逼利诱之下，竟然忘却临行前清廷"可从者从，不可者拒绝"的训令，擅自与沙俄代理外交大臣吉尔斯签订了《交收伊犁条约》（即《里瓦几亚条约》）十八条，另有《兵费及衅费款专条》《陆路通商章程》十七条。主要内容是：中国收回伊犁城，但沙俄却割去伊犁西、南的大片土地；沙俄可在蒙古及新疆全境免税进行贸易；中国赔偿沙俄"代收代守"伊犁兵费500万卢布（合白银280万两）。签完条约之后，崇厚才电告总理衙门,但是还没等国内给予答复,便擅自启程回京。

中国丧失了大片领土和大量权利,偿付巨额兵费,挽回的只是一座险要尽失、三面临敌的伊犁空城。消息传至国内,舆论大哗,朝臣纷纷上疏,要求朝廷"毁成约,诛崇厚"。在新疆执掌军权的左宗棠也认为此约断不可许,他说:在战争还没有结束、战事于我非常有利的情况下,却割地求和,真是不可思议。这就等于说一箭不放,就放弃了战略要地,弃之于敌了。这好比是把肉骨头投给狗,狗吃完骨头,还不满足,还要向你要吃的一样。现在造成的这种灾难,遗患无穷啊!如此不顾国家民族利益,真是可悲可恨到了极点。左宗棠经过苦思冥想后,建议向沙俄申明,崇厚所签订的条约是崇厚擅自做主,朝廷并不答应,必须坐下来重新商谈,如果沙俄不答应那就用战争来解决问题。左宗棠还坚定地表示,我们坚持顽强对敌,一定能取得战争的胜利。

在朝廷全部的官员中,只有个别的几个人主张承认"崇约",其中就包括李鸿章。李鸿章一贯主张"和戎外交",他提出的解决方法是"借俄慑倭",他想要以割地赔款来讨好沙俄,想借沙俄的势力来抗衡日本。

对于李鸿章的妥协退让,许多官员义愤填膺,张之洞、张佩纶、陈宝琛等一班"清流"健将连连上疏,要求朝廷坚定立场,挽回国家利益。张之洞对此事尤为关注,从光绪五年(1879)至光绪六年(1880)的一年多时间里,先后上疏二十多次。其中光绪六年(1880)一月所上《熟权俄约利害折》影响最大。张之洞在奏折中详细分析了条约中的十大不合理之处,坚决表示一定要修改此条约,绝对不能予以承认,并特别强调"不改此议论,不可为国"。接下来,他提出了四条改议之道:"一曰计决,二曰气盛,三曰理长,四曰谋定。"第一是要把崇厚捉拿起来,交给刑部,依法给予严惩,只有这样严肃惩处使臣,才能堵住俄国人的嘴,让沙俄看到我方强硬,坚持修改"崇约",维护大清朝尊严与利益。第二要大造舆论,朝廷要颁布圣旨,把沙俄所强加于清政府的不公平条约和国人的愤怒之情公布中外,让各国评其曲直。第三是暂缓收回伊犁,崇厚虽然在条约上画押,但御批未下,条约不足为凭,沙俄理屈词穷,清廷在理上占据优势。第四是做好战争准备,在新疆、吉林、天津三路设防,调兵遣将,以防不测。如果沙俄不讲信义,擅开兵端,我朝当不惜与之一战。

张之洞这份《熟权俄约利害折》递上后,受到清廷重视。慈禧阅读以后不断击案叫好,并亲自召见张之洞,询问对策,又破格准许张之洞参与总理衙门的会议。在强大的舆论激励下,清廷的态度渐渐强硬起来,拒绝批准崇约,改派驻英、法公使曾纪泽兼任驻俄公使,赴俄谈判改订条约。光绪六年(1880)七月,曾纪泽抵达圣彼得堡,俄方态度极为粗暴,以条约一经签订,不能更改为由,拒绝开议。曾纪泽据理力争,俄方才勉强同意重议。从光绪六年(1880)七月至光绪七年(1881)二月,紧张而又激烈的谈判持续了七个月。在此期间,沙俄加强对中国的战争恐吓活动,向清廷施加压力。英、法、美、德等国为了各自的利益,也纷纷压迫清政府,因此清廷在对俄态度上摇摆不定。国内以李鸿章为首的妥协派,也进一步宣传自己的主张。面对此情此景,张之洞殚精竭虑地连续上疏,提出建议,要求曾纪泽坚持立场,并悉心筹划有关谈判各项事务,请求朝廷寄给曾纪泽,以供参考。

在曾纪泽的力争下,在左宗棠大军强有力的支持下,在张之洞等朝臣的努力下，沙俄不得不放弃一些过分的勒索，放弃对《里瓦几亚条约》的坚持，于光绪七年（1881）正月同清政府签订了《中俄伊犁条约》。此条约虽然仍是一个不平等条约，但与崇约相比，挽回了一部分主权和领土，经过曾纪泽力争，清政府收回了特克斯河流域两万多平方公里的领土。

在这一年多的中俄伊犁交涉期间，张之洞先后上疏二十余次，指陈利弊得失，权衡轻重缓急，建言献策，虽不免有书生之见，但他坚持认为在强邻虎视的危急情势下，中国必须急修武备，"我多一分兵威，则敌人少一分要挟"。张之洞的爱国之情，溢于言表。他也由这次改订新约看到了希望，更坚定了自己的主张，这对日后他处理中法战争、保护华侨等事宜产生了重大影响。

第五节 扳回午门冤案

光绪六年（1880）中秋节前夕，慈禧太后派小太监李三顺出宫，送几盒点心给醇亲王奕譞的福晋。醇亲王的福晋是慈禧太后的胞妹，光绪皇帝的生母。李三顺带了两名随从，抬着食盒得意扬扬地来到午门。按照清廷律令，内监出午门必须报敬事房知照门卫放行。但是李三顺仗着为慈禧太后办事，没有按规矩去执行。负责守午门的护军军士玉林、祥福、忠和等人未接到主管部门的知照，恪守职责，不允许其通过。李三顺自恃慈禧太后差使，竟然要强行出宫门，双方发生争执，推搡中撞翻食盒。李三顺恨恨离去，并捏造出一面之词，求首领太监刘玉祥给慈禧太后告御状，说护军不遵懿旨，蔑视太后，殴打内监。慈禧太后听后大怒，着刑部严行审讯，定要杀护军解恨。玉林等人随即被抓了起来，由内务府大臣会同刑部严行审问，护军统领岳林交刑部严加议处。通过审理，真相浮出水面：理在护军，责任应当由太监担当，并且李三顺并没有被打伤。审案结果据实上奏，不料慈禧盛怒之下蛮不讲理，定要严惩护军出口恶气。内务府和刑部只能处罚护军，拟将玉林、祥福发往吉林充苦差，护军统领岳林等人或充军或圈禁。此议拟定后，三次上呈均被驳回，慈禧认为惩罚太轻，饬令再审。慈禧最终以不容置疑的权势达到目的，谕旨云：

> 惟此次李三顺赍送赏件，于该护军等盘查拦阻，业经告知奉有懿旨，仍敢违抗不遵，藐玩已极。若非格外严办，不足以示惩儆。玉林、祥福均著革去护军，销除本身旗档，发往黑龙江充当苦差，遇赦不赦。忠和著革去护军，改为圈禁五年，均著照拟枷号加责。护军统领岳林著再交部严加议处。至禁门理宜严肃，嗣后仍著实力稽查，不得因玉林等抗违获罪，稍形懈弛。懔之！

此谕一经公布，朝野上下都极为震惊。护军按律办事却遭严惩，太监无理取闹却逍遥法外，如此一来，太监气焰定将大长，流弊甚大。张之洞听到后愤愤不平，决心仗义执言，奋力一争。张之洞在此事上体现出其既勇敢又谨慎的作风，他本着务实的态度，既敢于出头，又深恐触怒慈禧，于事无补。他与陈宝琛计议，现在慈禧太后正在气头上，只可就严门禁、抑阉宦立论，促使太后自省自悟，不宜为护军鸣不平。

十二月初四，张之洞递呈《阉宦宜加裁抑折》，开宗明义，直趋主题，说阉宦恣横，为祸最烈，我朝列祖列宗对宦官的禁限也最为严厉，今皇太后、皇上也不例外，恪守家法，决不宽纵。但近日发生的护军玉林等殴辱太监及刘振生混入内宫禁地两案，皆因太监而起，何以不见戒责太监之文。他接着列举因太监失察而酿巨祸的成例，说明太监未必都忠实可信，设今后太监竟动托上命，私自出入，妄作威福，宫门护军又不能盘诘,"充其流弊所至,岂不可为寒心"。最后,他建议完善内监出入宫门的勘验制度,以便护军门卫有所遵循。

张之洞此奏的高明之处,是绝口不提该不该处罚护军门卫,而只是反复重申严厉管束内廷太监的清朝"家法",只说太监私自出入是"动托上命",假传圣旨,不点明奉有差使,有心为太后开脱。张之洞的奏折,既陈述此案的危害及自己的看法,又丝毫不得罪最高当权者,慈禧太后也是明白人,阅读完毕便心领神会,思想发生变化,重新判决,立即下令将太监李三顺交慎刑司责打三十大板,首领太监刘玉祥罚俸六个月,同时减轻对护军门卫玉林、祥福的处罚,护军统领岳林则免予处分。虽然对太监的处罚只是象征性的,对门卫的处罚也没有撤销,但毕竟迫使金口玉言的慈禧太后改变了自己的决定,意义非同一般,被时人誉为"诤言回天"。张、陈二疏将"枢臣莫能解,刑部不敢讯"的事情扭转过来,深为重臣叹服,与太后有隙的恭亲王奕䜣逢人便称赞张之洞此奏为"真奏疏"。

四年的"清流"生涯,张之洞收获颇丰,他的直言急谏博得朝野广泛的赞誉,他对国家和朝廷的忠心受到慈禧太后的赏拔。在光绪六年(1880),被连连擢拔,这年三月,张之洞授翰林院侍讲;六月,转翰林院侍读;七月,补授右春坊右庶子;八月,充日讲起居注官。

通过推翻东乡惨案、力阻崇厚卖国、扳回午门冤案这一系列事件,慈禧越来越看好张之洞。光绪七年(1881)六月,慈禧做出一个酝酿已久的决定。她就像当年道光皇帝破格提拔曾国藩那样,也让张之洞在一夜之间,由从四品的翰林院侍讲学士,直接升为从二品的内阁学士、礼部侍郎。一夜之间,张之洞连升四级。与张之洞关系密切的李鸿藻,深恐张之洞的升迁速度过快，会引起朝中其他官员的嫉妒和眼红。加上张之洞在上书言事时，没少得罪朝廷权贵，日后可能遭到他们的打击报复。他不希望张之洞遭遇不测，于是他联合醇亲王向慈禧举荐张之洞出任山西巡抚。

光绪七年（1881）十一月，张之洞就接到了朝廷的任命：补授山西巡抚！成为实权在握的封疆大吏。巡抚是清朝时期的省级地方军政大员，以"巡行天下，抚军安民"而名，又称抚台。巡抚是从二品官，虽然与内阁学士、礼部侍郎同级，但论实权，巡抚要远远大于内阁学士、礼部侍郎，巡抚是真正意义上的封疆大吏，而内阁学士、礼部侍郎则是有职无权的朝廷高官。从此，张之洞结束了京官生涯。

张之洞以仁厚、忠君、爱国行事，虽然树敌不少，但也正是如此树立了自己的形象，同样也为家人、族人树立了榜样，为家族家风增添上一股更为浓重的正气，仁厚、忠孝、爱国成了张氏家风中颇为重要的部分。

或许是张之洞担任学官和任职翰林的家学渊源，学术研究也成为张氏后人难以割舍的一份情怀。张之洞曾孙张遵骝是著名的历史学者，他毕业于西南联大，先后任职于复旦大学和中国社科院近代史研究所，学术上、人品上受到范文澜、牟宗三二位先生的高度评价。张之洞的孙女张厚粲毕业于辅仁大学，她是我国心理学的奠基人，开创了我国心理学研究，在国际上享有盛誉。

三省学官的地方历练和在翰林的数年"清流"生涯，张之洞刚正秉直的个性得到了充分的展现。张之洞对传统文化和西学的深入体察、实践，促使他在传统儒家和西学中寻找平衡点，这在张之洞的家庭事务中也有体现。张之洞最为喜爱的儿子是其次子张仁颋，然而天不遂人愿，出生于1871年的张仁颋在1895年就离开了人世。张仁颋去世后，张之洞将张仁颋的妻子——吴大澂之女礼送回吴家，他对儒家传统观念中婚姻和女性的认知显然要高出时人不少。孙子张厚璟在民国时期主理过多地财政，得张氏"清介廉能"之家传，他的廉洁自律时人无不称赞，而且他乐善好施，行事颇有张之洞的风范。

第五章

抚晋兴革，家传儒风平官场

张之洞抚晋时，在廉洁自律、敢作敢为方面还保留了"清流"本色。他一到任就向腐败官场的"潜规则"发起挑战。他"服官所到，从不收受属吏馈送礼物"，也不向朝中大员送礼。在当时腐败成风的官场，张之洞能坚持清正廉洁确实难能可贵。他的勤政廉政，在子女的教育问题上，起到了很好的示范作用。

为官一方，出于刚正秉直的个性、仁厚忠孝的思想，在传统儒家文化熏陶下的张之洞真正开始践行他的政治理念。从踏上政治舞台到悲憾离世，我们作为后人审视张之洞的政治生涯，可以说他无愧于那个时代，无愧于渴求富强安康的国家和普罗大众，无愧于他所继承的儒家传统，也无愧于南皮张氏传下的家风。让人颇为遗憾的是，由于种种原因，张之洞后裔中的一些人并没有能够继承他对国家的忠贞。

第一节 整顿吏治

光绪七年（1881）十一月，44岁的张之洞奉旨补授山西巡抚。这是张之洞生命历程中的一个转折点，从此开始了他二十余年封疆大吏的政治生涯。巡抚为省级地方行政长官，一般由布政使或按察使补授。张之洞虽然做过两任钦差学政，但从未做过布政使或按察使，甚至没有州、县地方官的经历，他由内阁学士直接简授山西巡抚，这确实是个例外，有人称之为"特擢"。

山西受地理地貌限制，素称贫瘠。清政府被迫开关通商以后，大批洋货涌入中国市场。受此冲击，历史悠久的山西手工纺织业、土铁冶炼业和土窑煤炭业日渐萎缩。光绪三年（1877），山西全境大旱成灾，赤地千里，饥情为全国之冠，又吏治腐败，贿赂公行，甚至将赈灾银粮化为肥己之膏。光绪六年（1880）七月，曾国荃因病离任。在此后的一年半之内，山西巡抚三易其人，施政无从谈起，全省上下仍旧是大灾过后百废待兴的烂摊子。

赴晋途中，张之洞一路体察政情民俗，只见山西是那么贫穷，民不聊生的景象随处可见。最令他痛恨的是，山西到处都有瘦骨嶙峋、病恹恹的烟民，到处都种着鸦片，他的心情变得更加沉重了。张之洞给"清流"好友张佩纶写信说："堂堂晋阳，一派阴惨败落气象，有如鬼国，何论振作有为？"到任安顿就绪后，张之洞上《到山西任谢恩折》表明自己的励精图治之意：

> 当以课吏安民之道，先为深根固底之图，垦荒积谷为厚生，节用练兵以讲武，至于盐铁理财之政，边屯固圉之谋，苟为势所便而时所宜，岂敢辞其劳而避其怨，惟有虔禀懿训，奉宣皇仁，期无负公正之特褒，一扫因循之锢习。身为疆吏，固犹是瞻念九重之心；职限方隅，不敢忘经营八表之略。庶殚驽钝，少答鸿慈。

此份谢恩折中，他信心十足，希望在山西能大干一番，然而折中的"经营八表"也给他惹了点麻烦，有些朝臣指责他狂妄至极、有不臣之心。面对山西"民生重困，吏事积疲，贫弱交乘"的社会现实，他没有像清末官场中的大多数官吏那样自甘沉沦，他以中国儒家传统的"达则兼济天下"的优良品行，激浊扬清，革弊兴利。

接任半年后，张之洞经过一系列的调查，大体掌握了晋省各方面的情况，下定除弊兴利的决心，便向朝廷上《整饬治理折》，具体制定出了他的治晋方略。指出晋省已经出现了财力空虚、人才匮乏、政出多门、吏治疲玩、民习颓惰、士气衰微、军纪废弛等弊病，造成"元气"大伤。据此，他提出"培养元气，表里兼治"的治晋方略。具体的"治晋要务"分六个方面二十件大事：

务本以养民：责垦荒、清善后、省差徭、除累粮、储仓谷、禁罂粟。

养廉以课吏：减公费、裁摊捐。

去蠹以理财：结交代、核库款、杜吏奸、理厘金、救盐法。

辅农以兴利：开地利、惠工商。

重士以善俗：培学校。

固圉以图强：纾饷力、练主兵、遏盗萌、修边政。

在抚晋的两年半时间里，张之洞为实现这些规划，竭尽心智，勉力而行，事必亲躬。由于抚晋时间不长，上述规划未能全然实现，但其业绩仍称昭著。

吏治是历朝历代不得不讲却又十分头痛的一个问题。张之洞到任一个月后，对这个问题格外重视，他已深深感受到山西官场因循守旧的庸惰习气和表露无遗的对立情绪。自咸丰、同治以来，山西吏治日益腐败。张之洞认为，为官一任，对不能造福一方，而且还玩忽职守、贪墨成性的官员，就应当毫不客气地罢他的官，并绳之以法。因此，他一上任便着手制定章程，力争纠正衙门懒惰涣散的吏风。他率先躬行，以身作则，每天都预先确定好所办公事的日程。为了体现对官吏"贤否不颠倒，功过有黑白"的奖惩原则，下令道府州县考察属吏优劣。一方面严厉处罚一批贪赃枉法的官吏，经过明察暗访和查证落实，他对前任巡抚曾国荃重用的藩司葆亨和冀宁道王定安，以其侵吞救灾款项为由奏请罢免。对于其他盘剥扰民、昏惰无能或公事模糊的官员，分别予以革职、降补、开缺等处分，在山西官场上收到了极好的效果。另一方面对操守廉洁、政绩较佳的"循良之吏"太原府知府马丕瑶等六人则给予褒奖,以正官风。不久以后,张之洞身边涌现了不少得力干将,办起事来也渐渐得心应手了。

清代官吏之所以贪污受贿成风,政府经费不足、官吏俸禄微薄是一重要原因。雍正时为了杜绝贪污,廉洁官守,实行"养廉银",对地方官按官职高低、事务繁简另外给津贴银两,后逐渐形成定制,与正俸无异。养廉银的推行在最初取得一定成效,但由于其经费不来源于国家的正项支出,结果地方官仍然苛取于民,无法杜绝贪污受贿之风。

为了实现"养廉课吏",张之洞进一步裁革官场陋规。当时山西与其他各省一样,各级地方官员因经费不足、俸禄扣减,大多有依靠下属供奉的陋规,这笔开支实际上成为各州县必须上缴的"公费""桌饭"。至于官吏向上馈送"水礼"的风气更是盛行,吏风十分败坏。张之洞核查后,下令裁减各州县应解"公费",每年仅此一项地方就节省了数万两白银,同时严禁向上司馈赠"水礼"。在裁革上述陋规的同时,张之洞还考虑到,如不采取其他形式给予官员适当补贴,就无法杜绝原有的弊端。他认为必须适当考虑官员的个人利益,适当提高管理的某些待遇,才能使之廉洁守法,以达到"养廉"的目的。

张之洞在任山西巡抚期间,先后上五折、五片,弹劾官吏数十名,如此一来,山西吏治为之一新,整个山西呈现出蓬勃向上的气象。一个人要想成为真正的有良知的人,必须能明善恶,行大义。对张之洞来说,打击贪官污吏是他刚直不阿的最好说明,这也是他刚直性格和境界的体现。

第二节 清理财政

清代国家财政机构为户部，掌管国家收支。各省的钱粮储库由布政司管辖，因此布政司又称"藩司"。省内各州县岁征的田赋、杂税，除留用外，悉入藩库。既为岁征，应当每年清算一次。然而山西藩库自道光二十九年（1849）至光绪八年（1882）的33年从未彻底清查，完全是一本糊涂账。许多巨额款项，如咸丰年间的军需报销、善后各款，仅账面差额就达数百万两。张之洞得知此情，十分震惊，随即上《清查库款折》，奏说藩库多年未清，必生"筹垫、滥支、拨抵、借动、隐匿"五弊。张之洞明白，一省之财政，竟然三十余年乱麻一团，必有大小贪官污吏在中间作祟。面对如此混乱的财政，张之洞决心彻底清查陈年旧账，他责令布政使方大湜，会同臬司、冀宁道等，整饬局员，迅速办理，彻底清查。经清查发现，晋省财政混乱情况十分严重，被挪移垫支的款项数目巨大，账目不清，互相矛盾，漏洞百出。前任布政使葆亨，滥放款项，任意挥霍，竟纵容家丁、书吏向承领官款者索取回扣。

光绪八年（1882）九月，张之洞专门设立清源局，调清正廉洁的马丕瑶等主其事，自任监督，并制定《山西清查章程》分别清查。张之洞展现出铁面无私的姿态，将清查库款与整顿吏治结合起来，对任何官吏决不手软，并下达硬指标，明令光绪九年（1883）正月初一前后交接的官员，二十天内交割清楚，补还欠款；凡光绪八年以前交接的官员，一月内查清；现任各官交接，限十日内交代完毕。所有亏空，一律由当事人负责。张之洞严格按章办事，凡有抵御者，严惩不贷。张之洞带领他的得力干将全力投入到账目整理工作当中，他本人宵衣旰食地工作，真正起到了楷模作用，晋省三十余年的财政账目由此条理清晰，各种贪赃枉法之事很快浮出水面。省藩库原存银218万余两，新守银15523万余两，开出银15821万余两，实存银72万余两，各种欠款152万余两。

在盘清库底的基础上，张之洞又制定多种财政措施，以"纾民困、劝农商、实国库、杜中饱"为宗旨。为了保证田赋的征收，他又在全省范围内清丈勘查田亩数。清代田赋是政府财政的主要收入，征收时本应以编制的土地簿册"鱼鳞册"作为依据，但地方官吏为了营私常加以涂改。自咸丰以来，各地"鱼鳞册"毁损严重，田赋征收积弊日

清代山西衙门今貌

深。解决财政收入的困难,清理田赋便是一项重要的举措。张之洞认为"此一事(隐瞒土地)为晋民之大害,今欲去之,断非清丈不可",于是派员清丈全省田亩,结果查出各地隐瞒土地近二十万亩,田赋收入情况由此好转。

"摊捐"也是导致吏风败坏的一大苛政,"晋省州县之累,以摊捐为最"。所谓"摊捐",就是凡有官事用费不能报销的,便向各州县摊派。山西省"摊捐"名目多达十七种,总计银10万余两,成为各州县的一大负担。张之洞设立"清源局",负责清理各类"摊捐","以清吏治之源"。他将一些不合理的"摊捐"予以革除,"将民间各项应支一律永远除免"。

晋省官吏还多以"差徭"之名恣意勒索,成为一大"虐政"。每县所派的差钱,一律按粮摊派,向老百姓强行征收。州县官吏还四处设立关卡,对过往车马强行征收银钱,致使远近行旅视为畏途,不敢进入晋省。张之洞下令裁减,"不取民间一钱,不扰过客一车"。并根据具体情况,订立定章,对地处要道、问题最多的州县,分别采取不同的措施来解决官府用差的问题。如阳曲、平定、寿阳等州县采取筹款生息,官设差局,自养骡车的办法。施行之后,再未出现一起"拉车扣骡"的事件。经过这番整顿,山西各路的商旅往来、货物运输逐渐出现了较为兴盛的局面。

第三节 禁戒烟毒

张之洞赴任之前，山西各府州县遍植罂粟。光绪三年（1877）山西境内耕地面积约530万亩，竟有60万亩种植罂粟。罂粟与农作物争土地、肥料和水分，严重影响了农业生产，以致稍遇荒灾便无力招架，终于酿成了光绪三年至四年的丁戊奇荒，此次灾荒造成全省数百万人死亡、逃荒或被贩卖到外地。山西民歌《走西口》，就描述了无数山西人被生活所迫，背井离乡，去关外谋生的情形。

张之洞到山西后，目睹罂粟的严重危害，便感叹山西的患难根源不是旱灾而是鸦片。他决心禁戒烟毒，并将其提到振兴民风政俗的高度，他严厉指出，鸦片不仅损耗老百姓的元气，并且是导致中国贫弱的重大原因。张之洞向朝廷上《禁种莺粟片》，力主严禁种植罂粟，他陈述禁种罂粟的数条理由，指出山西土地本来贫瘠且地处高原，地多水少，由于种植罂粟厚利的吸引，仅有一点可利用的水源，人们也将它用于灌溉罂粟。况且罂粟最耗地力，几年之后即使不种罂粟，改种其他作物，也生长不好。另外，禁种罂粟是禁止吸食的需要，山西境内的士农工商俱嗜烟毒，"四乡十人而六，城市十人而九，吏役兵三种几乎十人而十矣"，老百姓怠情颓靡、毫无朝气。张之洞的建议得到朝廷的赞成，命他"随时查察，有犯必惩，以挽颓俗"。

张之洞制定一系列措施，在全省范围内掀起了一场群众性的禁烟运动。他三番五次严令各州县禁止种植罂粟，并颁布《禁种罂粟章程十条》，晓谕官民，严督各州县实行。对禁办有功者，明令表彰；对于承办不力者，便"立予撤参惩办"，并将"能禁与否"作为考察官员优劣的标准。在播种时，官员要亲自到四乡原种植最多的村户、地处偏远的山区、风俗彪悍的乡村申禁宣传，出土之后再详细检查，要"逐垄审视"。考虑到种烟老百姓的生计，张之洞还晓谕各州县要根据当地的实际情况，教导老百姓种桑、棉花、花生等农作物以维持生计。

张之洞深知山西烟毒弥深，不少刁民、奸商、污吏在种植、销售鸦片中大发横财，现在断然绝其财路，阻力一定很大。尽管官府三令五申，还会有人坚持偷偷种植。针对这种情况，张之洞重申约章，规定查出的种烟地亩立即充公，并要求每村自立村规，对种植、吸食鸦片者，或驱逐出境，或指名报官。对所告属实的举报人，给予一定的奖赏。

为了扭转社会风气，张之洞禁止设立烟馆，禁止各类人员吸食鸦片，并设立了专门的戒烟机构。他命令保甲局严格查处，将省城所有烟馆一律驱逐，不准容留一家。要求保甲局利用编换门牌的机会严格检查，不得疏漏和敷衍，凡是有涉嫌包庇的官员，立即撤差或记过、停职。张之洞还发布指示，严禁官员、上子和士兵等吸食鸦片。对于已染烟毒成瘾者，张之洞仿照李鸿章在天津设戒烟局的方法，在太原设戒烟局，请李鸿章派医生到太原帮助戒烟。

张之洞在晋两年多的时间里，雷厉风行地禁烟戒毒，取得了显著效果。各地种植罂粟的田亩锐减，此前种植罂粟最盛的交城县和代州也无人再敢种植。省城太原戒烟局中，就医买药的人络绎不绝，民众的身体素质以及社会风气都得到极大改善。出于强烈的民族忧患意识，张之洞对鸦片非常痛恨。

张之洞在大力整肃积弊的同时，也不忘兴利养民。除前面已经提到的奖劝垦荒，他还在包头、碛口两地建仓积谷，高廪广储以备灾赈，浚文峪、瓷窑河以兴水利，筑汾河土堤以御水患，续修四天门、韩侯岭等山路车道以便工商行旅，创办令德堂，维修孔庙、贡院以倡文教，设桑棉局为晋民开生财之源，设教案局以调处民教纠纷，筹饷练兵以备边防，严行保甲以靖社会等。正如张之洞所言，皆是"儒术经常之规"，即传统的治国安民之道，但这些并不是每一个封疆大吏都能够实行的。张之洞的可贵之处，正在于他有定识、有魄力，能够认真、执着地去实践这些传统的儒术经常之规，并取得了显著成效，昔日积贫积弱的山西省开始出现"民有余粮，官有余力"的新气象。

第四节　移情洋务

在张之洞的努力下，山西的整个面貌发生了巨大的变化。但无论怎样努力，仍然无法摆脱贫弱穷困的严酷现实。传统的旧办法难以奏效，他需要引进借鉴新法。

一次，张之洞在翻阅省府文档时，看到英国传教士李提摩太给前任山西巡抚曾国荃的条陈，内容非常新颖，精到地指出晋省的种种弊端，运用翔实的调查数据指出晋省粮价起伏、难民数量等情况，尤其是他提出的开矿、筑路、兴学等"西化"方案令张之洞眼睛一亮。

李提摩太（Timothy Richard），英国浸礼会教士，同治九年（1870）来到中国，为了便于在中国传教，他学会了汉语，十分注意顺应中国的风俗习惯，头戴假辫，身穿长袍马褂，把自己打扮成一个"中国化"的洋人。他还研读过儒、释、道等经典著作。光绪三年（1877），李提摩太以赈灾的"慈善家"名义来到山西，除了多方搜集山西社会经济的资料，他还曾多次会晤当时的巡抚曾国荃，建议采取"以工代赈"的救灾办法。曾国荃虽然对李提摩太的赈灾慈善活动表示赞赏，但认为他是在"盗窃中国人的心"，因而抱有深深的戒心，对其提出的方案表面上十分赞同，实则束之高阁。李提摩太非常失望，正苦思新的办法，没想到新任巡抚张之洞竟然主动请他过去。

李提摩太特意穿戴中国冠服，入乡随俗地向张之洞行中国礼，博得了张之洞的好感。李提摩太在张之洞的支持下，特地从伦敦购买科学书籍和仪器，在太原组织演讲会，每月讲演一次，向官员和知识分子演讲天文、地理、机器、医药等方面的知识，还当场演示磁石吸铁、摩擦生电等物理、化学实验。这些新知识使得张之洞眼界大开，增强了他对"洋务"的兴趣。后来，张之洞仔细阅读了李提摩太的著作，并聘其为顾问。正当张之洞急需改变山西现状时，李提摩太出现在他视野中，中、西两种观念的碰撞促使张之洞迈出了向洋务派转化的第一步。

光绪九年（1883）四月，张之洞的《延访洋务人才启》被印制发往全国各地。在这一启事中，张之洞明确提出了自己对洋务派的认识，认为"洋务最为当务之急"。他以饱满的热情开始致力于洋务事宜。然而，山西地处闭塞，洋务人才非常缺乏。张之洞迫切地希望全国各地通晓洋务的人才能前来协助，他声称，不管熟悉洋务的哪一方面，只要有一技之长，来到山西做事，必量才委用，给予优厚的待遇。张之洞在山西的两年多时间里，把教育作为"振起颓业之方"，深信广泛地劝学勤业就可以培养出科技人才。

光绪八年（1882），张之洞在太原创办令德学堂，作为培养全省人才的大本营，令全省的高才生到学堂学习。学堂仿照阮元诂经精舍、学海堂的例规，聘请王轩为主讲，杨深秀为襄校兼监院。创办学堂的目的是开风气、益民智。张之洞除了积极招聘人才、培养人才，还积极向朝廷举荐人才。四月他向朝廷上《胪举贤才折》，荐举京秩14人，外官29人，八旗大臣6人，武职10人，这在当时是极为罕见之举。另外，他还极力促成隐居故里的理财家阎敬铭复职，出任户部尚书。这些都为他博取了"怜才爱士"之名。教育方面的兴革，培养了一大批新型知识分子，为山西近代化社会变革积蓄了重要力量。

在招募洋务人才的同时，张之洞还下发《札司局设局讲习洋务》的公文，命令认真讨论筹办洋务事宜，在省城东门选地势宽阔处设洋务局，选派洋务官员，先就本省熟悉洋务之人和已经购来的各种洋务书籍研究试办，详细订立章程，广泛访求洋务人才。他还命令，所有新出有关洋务的书籍，随时从天津、上海等地购买；各省通晓中外交涉事务的知名人才，由清源局随时访求；筹款前往江苏、上海等地招募机匠，购买外国新式织机、农器……所有的洋务事宜，均在张之洞的亲自督导下紧锣密鼓地开展起来。洋务局在最短的时间内设立起来，张之洞又马上请奏建立山西机器局。机器局虽然设备简陋，规模也不大，但招募工匠，采用大机器生产，可称得上是山西第一个近代工厂。

编练新军也是张之洞兴办洋务的一项重要内容。从出任山西巡抚开始，张之洞便执掌地方军政要务。抚晋之初，他便发现了传统军制弊端丛生，亟待改革。他曾见识过洋枪洋炮的威力，再看到绿营内落后的弓箭、长矛等武器，他决心筹编山西练军，进行军制改革的实践。光绪九年

（1883）初，张之洞上奏《密陈北军应练片》，陈述"晋省绿营疲惫，为各直省之最"，打算挑选勇武精壮的士兵，仿照直隶的章程练军。"果使此军练成劲旅，不惟可以挑补晋省练军，沿边万余里，随处皆可用之。"朝廷批准了他的计划。山西防练各营自清中叶以来就腐败不堪，"营务废弛，武备空虚"。张之洞编练的练军与旧式的绿营、勇营不同，无论从军队采用的武器来看，还是从军队的编制来看，它都是近代新式军队的萌芽。在武器装备上，练军主要是"专练马上洋枪，兼练步下长矛"。在他上任后第二年便积极以新式方法编练新军，并派员赴上海购买各类枪支八千余支，还有十二尊格林炮，大大增强了新军的士气。在军队编制上，练军一改过去勇营、绿营等旧式军队的弊病，成为一支由地方政府统管和组织训练，以使用火器为主的新式军队。此外，他还于光绪十年（1884）在太原设立新药局（制造火药），开始了发展新式军事工业的实践。新药局引进了一些外国机器进行生产，并"招募工匠"，"派员管理"。这些举措标志着山西近代军事工业的诞生。

对于张之洞而言，担任山西巡抚的实践，促使他从一名"放言高论，不免空疏"的清流派健将，向"求富""求强"的洋务官僚转化，他在山西这块相对封闭的土地上，开始了洋务生涯，成为晚清疆吏中一位颇为精明强干、廉洁开明的官吏。他早期的洋务思想及其实践，对中国近代化进程做出了积极贡献。

张之洞目睹"千百年来未有之大变局"，对法国侵略越南危及我国西南边疆的安全深感焦虑，曾一日之内连上三折，积极主战，申明忧国忧民的赤胆忠心，表达援越抗法、保家卫国的想法和主张，提出了"争越、封刘、战粤、防津"的战略策略。其中《越南日蹙，宜筹兵遣使，先发预防折》条陈的十六条办法，《法衅已成，敬陈战守事宜折》提出的十七项措施，字数近万，陈情急切，并"建议当速遣师赴援，示以战意，乃可居闲调解。因荐唐炯、徐延旭、张曜材任将帅"。中法战争爆发后不久，奕䜣及其主持下的军机处不想轻易开启战端，适值清军在前线溃败，引起朝臣交章弹劾，追究越南局势失利的原因。慈禧太后震怒，同醇亲王奕譞合作，慈禧借中法战争战局不利之机发动政变，突然发布懿旨，将以恭亲王奕䜣为首的军机大臣全班成员罢斥，撤去其一切职务，强迫其回家"养病"，并将军机处全部改组。经过这一枢廷大变，以奕譞为首的主战派执掌了大权，如此便产生了对法策略上的大调整。

光绪十年（1884）三月十七日，竭力主战并对作战事宜考虑周详的张之洞受命进京。张之洞结束了山西巡抚之任，而更加艰难的督粤重担正等待着他。

第六章

治粤抗法，力担重责宣国威

在督粤期间，张之洞坚决抗法，积极备战，大胆起用黑旗军刘永福和老将冯子才，还大力支持刘铭传在台湾抗法。张之洞虽未带兵上前线，但一直坐镇后方指挥调度。

第一节 调和将帅，积极备战

光绪十年（1884）四月，张之洞交卸山西巡抚的职务，启程返京。他主政山西的几年间，政绩斐然，被朝野人士认为是一位有远见卓识的官员。四月二十三日，张之洞抵达京师。两天后，慈禧太后召对宫门，询问有关治晋情况及与法作战事宜，张之洞应对如流。四月二十八日，清廷谕令张之洞署理两广总督，可谓是受命于危难之际。

光绪十年（1884）六月，张之洞经天津乘轮船，途经上海，前往广东。轮船航行了二十多天，于七月八日抵达广州。十余天后，前任两广总督张树声移交了官防印信。面对岌岌可危的局面，张之洞感到了巨大的压力，他来不及休息，便着手处理紧张而繁多的备战事务。他询访同僚，了解战情；核算军费，计划购需；考察地形，巡视炮台；激励将士，劝督团练。为了筹备战守事宜，张之洞数月以来食不甘味，夜不安席，全力以赴地开展各方面的工作。

在当时情况下，要想做好防务工作，协调好各方大员和军队的关系是当务之急。当时存在着"振雪不和"，即张树声与彭玉麟之间有矛盾。钦差大臣、兵部尚书彭玉麟与前任两广总督张树声分别是湘军、淮军的著名战将。朝廷调彭玉麟入广东的直接原因，正是因为张树声办理军务不善。张树声还曾经阻止彭玉麟来广州，两人的紧张关系早已众所周知。

张之洞在奉命接署两广总督时，便致信彭玉麟，对他称颂备至，夸他以往屡辞高官不就，隐身江湖，过着逍遥闲逸的生活，可是一旦时局为难，他立刻挺身而出，丝毫不计较职位的高低、权力的大小，奉诏率军来到海防前线，从此南方边防多了一道可以凭依的万里长城。还赞扬他不但勇敢无畏，更是胸怀韬略。在信中张之洞还对彭玉麟倚重有加，说自己来到南海，想让国防前线固若金汤，还必须依靠他的言传身教，希望他能传授机宜，在一些重大决策上帮助自己做出裁断，并表示在某天一定前往拜访，亲耳聆听指教，不胜感激，等等。彭玉麟看了信后自然很高兴，对张之洞也是颇有好感。

张之洞笼络住了彭玉麟，就开始安抚张树声。张树声对张之洞的到来心怀疑忌，张之洞对淮系总头目李鸿章"和戎外交"的不时抨击，而且由李鸿藻、张之洞大力推荐的云南巡抚唐炯、广西巡抚徐延旭临阵畏敌，弃战逃跑，造成了越北山西、北宁失守的战局，张之洞对这事负有一定的责任，但张之洞不仅没受到任何处分，朝廷反而以张树声办理防务不善为由，令张之洞取代他成为两广总督，但又不将张树声调离广州，仍令他参与军务，明显有贬黜之意。张之洞知道，张树声虽已革职，但仍有相当势力，因而从接任一开始便谨慎谦和地对待张树声，尽量避免在交接过程中可能出现的尴尬场面。

张树声担任两广总督时,由于办理军务不善,遭到朝臣弹劾,"不符物望、难胜兼圻、推诿取巧、玩视边防、贻误地方、任情徇私"等,于是朝廷要求彭玉麟、张之洞查清复奏。这本不应该向外透露,但在当时特殊的情况下,张之洞希望在最短的时间内缓和与张树声的关系,因此,向张树声通报了谕旨及各条参奏内容,准许他声辩,并将文件交于张树声阅览。此招非常奏效,张树声戒备之心大减,表现出积极配合张之洞的姿态。后来又与彭玉麟密谈,想方设法使彭玉麟不计前嫌,同意共保张树声,最后两人联合递上了一份《查复张树声参款折》,该折篇幅很长,折中对参劾张树声的各条一一做了答复。在许多方面,张、彭显然在为张树声遮掩,而且还竭力称赞张树声"素行谨慎,久历封疆,刻意自爱,服官自省类皆孜孜求治",有力地维护了张树声的名誉。张之洞和彭玉麟的做法令张树声感激万分,三人关系变得融洽起来,张之洞内外调度就顺手多了,广州的防务也得以顺利进行。张之洞为了尽量发挥他们的长处,特别注意对他二人不偏不倚,他请二人分别担任广州防务的重要职务,使之能消除隔阂,同心协力。而张树声和彭玉麟也被张之洞的大局观所感动,对其真诚相助。经过多次商议以及实地考察,张之洞很快对大局有了把握,他与彭玉麟等人一起,制定出总体防务规划。

巩固沿线海防,需要雄厚的资金支持。张之洞提出了"借洋款"的主张,他发现前任总督张树声向香港汇丰银行所借200万两白银仅剩50万两,"勉敷本省防营三个月军粮之需",便立即"再向港商借用"。他在两广总督任内,先后共为广东海防借银200万两,为援助滇军、桂军及台湾军民，共借银500万两。所借款项将大大满足前线对于军备物资的需求，尤其是在"备军火""速文报"等方面发挥了巨大的作用。在张之洞看来，洋款可以作为应急大宗，向各国购置各种新式武器，免得土枪土炮临阵误事。张之洞任职时还设立电报站，以便于传达军情，为日后出兵越南、保卫国家做准备。

张之洞力主创建一支新式海军，"海防之要，无论战守，必有水师战船，以援炮台，炮台以护战船"。在张之洞的海防思想中，"船台互援"，即军船和炮台在海、陆上的相互支援，将会大大增强作战实力。可是，清廷水师发展严重不足，仅有北洋、南洋、福建三支水师，广东作为中国海防的重要一环竟然没有海军可用，成为晚清海防的盲区。张之洞感慨道："自法人启衅以来，历考各处战事，非将帅之不力，兵勇之不多，亦非中国之力不能制胜外洋。其不免受制于敌者，实因水师无人，枪炮之不具。"到粤之初，张之洞发现"粤省兵船两艘，已毁于援闽之役。此外中小轮船，皆缉私捕盗之物，并非战舰。仅有洋制蚊子船一艘，土人仿制蚊子船一艘，恐无大用"。粤省无一艘真正战舰的状况，与法军的坚船利炮相比，显得不堪一击。张之洞不断向朝廷上书，请求朝廷"调北洋快船二艘"来粤赴援，配合粤省海军作战，然而此举实乃应急之方，无异于"拆东墙补西墙"，对增强全国海军实力并无实际意义，创建一支新的海军，才是解决粤省海防问题的良方。

多年来疲于应对边疆危机的清廷，已无力去支持张之洞大批购买军船器械，张之洞为了添置新式军船、武器，便开始不遗余力地多方筹措资金，"臣抵粤以来，首以购备军火为务。分向欧美各洲，不惜重金，广求利器"，这种做法在一定程度上满足了广东对舰船的需求，然而单纯依靠从国外购买船只，就会在很大程度上受制于欧美国家，花费巨大但收效甚微，欧美列强甚至还会"居奇抑勒，借口宣战，停运截留，种种为难……其运脚、保险、行运等费扣至四五成不等"。"仰人鼻息，实非长策"，张之洞决定自制军舰。他深知在大敌当前的情况下，自制"巨舰快船，固不可期"，而制造适于在内河航行的浅水小轮更合乎时宜。"若有浅水轮船十余艘，纵不能纵横于大洋，亦可驰逐于留门之内外。"黄埔船坞修复后，张之洞招集香港熟练工匠，依照香港华洋船厂的图式，尝试制造浅水小轮。终于在光绪十一年（1885）六月，广元、广利、广贞、广亨四艘自制炮舰纷纷竣工，大大加强了粤省海防。

张之洞在《筹议海防要策折》中指出储备海防人才的重要性，采取了一系列的应急之策，以解广东海防的燃眉之急。一方面在现有的海防队伍中精选熟悉洋炮、洋舰的官军，多加操练，并格外优待；另一方面多方聘请国外技师，为前线将士系统讲解新型船、械的相关知识。而这些做法只是简单的治标，要想真正达到标本兼治的效果，就必须兴办新兴学堂，培养新型人才。早在张树声任两广总督时，广东就建立起了一所教习西方语文、数学等科学技术的实学馆。张之洞上任之后，将实学馆加以扩建、改建，重新命名为博学馆，"延聘熟悉洋学之员，考选聪慧幼童，教以驾驶、算学各事宜，原为培养边才之意，后再推广讲求，俾娴一切救时之学，用备驱遣"。博学馆的设立，在一定程度上解决了广东对掌握先进知识人才的迫切需求，然而博学馆学科设置毕竟有限，这就成为张之洞日后仿照西方办学体制，创办广东水陆师学堂的直接原因。

张之洞的不懈努力和统筹协调，团结了两广官兵，使得广东防务走出混乱的局面。"虚己礼下，推诚共事，统帅既和衷无间，诸将莫不同命"，同时他"妥善处理各派系的关系，从而使两广防务得以巩固，为抗法斗争的胜利奠定了基础。'为国为民，不分省内省外'"。正是在张之洞的统一指挥下，两广清军破除了地域之见、派系之分，空前地团结一致，增强了清军的防务能力。中法战争期间，法军不敢在当时的广东沿海登陆挑衅，与其防务稳固不无关系。

第二节 战略援台

张之洞在中法战争中虽坐镇广州，但他的视野却不仅局限在广东，他对台湾实施救援时态度坚决、立场鲜明。他不遗余力的战略援助，对台湾人民抗击法国的入侵起到了十分重要的作用。

光绪十年（1884）四月，力争主战的张佩纶被任命为会办福建海疆大臣，以钦差大臣的身份走到了中法战争的前沿，比张之洞早一步遭遇法军的正面挑战。八月上旬，法军派出舰队侵犯台湾基隆，被清军将领刘铭传击败。于是法军转而驶入福建马江，与先驶入的法国远东舰队合兵一处，对福州形成了巨大的威胁。张佩纶积极主战，并基于法军战舰全力入闽的事实，请求南洋、北洋水师派船援助。然而江南、浙江均无船可拨，北洋轮船较多，但执掌大权的李鸿章却以"北洋轮船皆小，本不足以敌法之铁舰大兵船。……断难远去，去亦无益有损"的借口，不愿意派船援助。让张佩纶没想到的是，他的"清流"好友张之洞在署理两广总督后不久，在

张之洞像

广东饷械奇缺且面临外敌入侵的情况下,派出五营兵力,另带枪1400支、饷银10万两,并把粤防仅有的两艘军舰支持闽防。张之洞以国事为重的大局观念彰显得淋漓尽致。

光绪十年(1884)九月,在马尾海战中获胜的法军转而攻击台湾基隆、沪尾(今淡水)。法军司令孤拔亲自指挥,先以舰炮轰击,继而派出大量陆军登陆,企图一举攻下基隆。海军占优势的法军从十月二十三日起封禁台湾各海口,企图切断台湾守军和大陆的联系,置台湾于无援的境地。局势由此变得十分艰难，刘铭传屡次急电清廷，请求设法支援。台湾抗法战争关系全局，清廷十分重视，谕令沿海各省支援台湾："凡有可援台之处，竭力筹划，切勿畏难。"对于这些命令，各方反应不一。李鸿章和曾国荃以各种理由不肯派船援助。与他们相比，张之洞的态度则非常积极。如果说援助张佩纶或许带有私交的性质，那么援台事宜则完全以国家大义为前提。

广东也处在战争前沿，也出现了财力窘迫的局面。但在台湾急需外援的时候，张之洞能够顾全大局，从一开始就积极响应朝廷的号召，大力支援刘铭传。据统计，在张之洞的直接指令下，粤省先后接济台湾饷银达40万两，而枪弹、火药则不计其数。此外，他还派遣省防守军吴宏洛部赴台增援，并为刘铭传出谋划策。为根本解决台湾被围困问题，十月三十日，张之洞在请总署电奏时，提出"援台惟有争越，内地增百营不如关外增十营，内地用饷百万不如关外用饷十万"，要求增加关外军队的数量，加拨饷械接济关外各军，以壮声势和力量，并主张支援台湾唯有加强在越南战场的进攻，"攻越南以救台湾，为围魏救赵"，引敌回援，方可舒缓台湾外围。这样一来，中越激战的焦点由台湾转向越南。

光绪十年（1884）十一月十七日，张之洞致电总署，提出"振全局在争越南，争越南在此数月"，他认为法军虽然强悍，但决没有半年之内就能占领台湾的可能，也不可能将中国军队都击败。在这种相持状态下，唯有在越南牵制法军，才能从根本上消除法军对台湾的威胁。

第三节　纳贤能大胜法国

19世纪50年代,法国发动针对越南的殖民侵略战争。面对法国的侵略野心和越南政府的屡次向宗主国中国求援,清政府表现得局促不安、不知所措。作为宗主国的清王朝,在属国越南危难之际有着"保藩""恤藩"的义务,而在复杂的时局之下,清廷为缓和形势,又不能断然出兵越南与法为敌。正在朝廷为此一筹莫展之时,法国公使提出交涉,为清政府带来了与法和平解决争端的一丝"曙光"。

中法战争一爆发,清朝统治者内部就出现了两种声音:一派是以李鸿章为首的主降派,主张"不可衅之我开","决不可与欧人轻言战事"等。另一派是面对法国咄咄逼人的侵略气焰,以左宗棠、张之洞等人为首的抵抗派,力主坚决回击法国的侵略。张之洞是当时朝中较为系统地提出抗法策略的人之一。早在他任山西巡抚时就上书提出了"争越、封刘、战粤、防津"的策略。"争越"就是出兵越南,抗击法军;"封刘"就是对活动在越南北部的刘永福率领的黑旗军许以击退法军,收复失地的重任,"即封以越南世守",授其官职,资助饷械,鼓舞其士气,使之能大建奇功;"战粤"就是命令两广督抚和将领做好抗法准备;"防津"就是加强天津、烟台、旅顺等地防卫,阻止法军从海上进犯,确保北京安全。

一、援助抗法,收编黑旗军

黑旗军的首领为刘永福,广东钦州(今属广西)人。他自幼从父习武,武艺高超。早年聚众参加了广西天地会起义,他率领的这支武装用七星黑旗为军旗,被称为"黑旗军"。同治六年(1867),在清军的围剿下,刘永福率部辗转退至越南境内,他们在越南保胜(今老街)开荒屯田,自耕自食,逐渐扎下根基。

同治十二年(1873),法国进攻越南北部,图谋吞并越南,刘永福应越南阮氏王朝的请求率军应战,他所率领的黑旗军在抗法战争中非常英勇,而且作战灵活,配合越南军队先在河内城郊大败法军,打死法军头子安邺,打乱了法军进一步入侵中国的计划。黑旗军从此在越南军威大振,越南王朝隆重地授予他官衔,被封为三宣副提督。此后,刘永福坚持不懈地与法军对抗,抗法十多年,"大小数十战皆捷,法无一次获逞",尤其在光绪九年(1883)的纸桥大战中,黑旗军以三面夹攻法军,击毙法国海军上校李维业,获得辉煌的战绩。对于这样一支英勇顽强、战功卓著的抗法农民武装,清政府虽想设法笼络,但又深恐黑旗军变强而不好管制,因此表面上予以支持,而实际上只送些破枪烂炮,"皆天津解粤之笨枪,弹药多不着火"。

清政府内部对是否利用黑旗军抗法也有分歧，李鸿章等主张将黑旗军调防或解散，西南各省督抚多主张利用黑旗军抗法。在中法战争中，张之洞对刘永福黑旗军的态度则不相同，尽管张之洞对起义军向来没有好感，但在国难当头共御强敌之际，他主张重用刘永福。张之洞被任两广总督后，屡次呈奏朝廷，要求"联刘"，请求朝廷尽快加封刘永福官爵，并对黑旗军提供切实的帮助。

光绪十年（1884）八月，清廷终于接受张之洞提出"牵敌以战越为上策，图越以用刘为实济"的建议，为团结黑旗军抗法，特授予刘永福"记名提督"官衔，并陆续拨给黑旗军饷银七万两。黑旗军受到张之洞的大力支持，精神面貌上发生了巨大变化。中国人向来重视名正言顺，从此，刘永福率领的黑旗军终于可以以正统中国军队的身份参与作战，作战的底气和积极性均有了质的飞跃。

张之洞还大力荐举唐景崧新组粤军，开赴云南。唐景崧原本是吏部主事，长期供职京师。光绪八年（1882）中法关系紧张时，唐景崧主动请命前往越南，一方面劝说越南国王积极抗法，另一方面说服黑旗军首领刘永福共同抗法。光绪十一年（1885）三月二十三日，滇军、黑旗军在临洮与6000名法军展开生死较量。唐景崧贯彻张之洞的战略思路，率领景军密切配合刘永福的黑旗军，清军各营同仇敌忾，浴血奋战，最终取得了临洮大捷的辉煌战果。此一役非常重要，不仅使黑旗军在抗法斗争中的地位进一步得到加强，而且有力地配合了越北东线的大战。

张之洞也积极筹款，尽力接济黑旗军，"只半年里，张之洞资助黑旗军白银15.5万两，充足的军费饷械大大提高了黑旗军的战斗力，此举使得张之洞'决战于越南'的策略得以实施"。黑旗军的处境前后迥然不同，得力于张之洞的开明态度。很显然，这种变化不仅有利于黑旗军，而且更有利于抗法战争的大局。黑旗军在中法战争中发挥了不可代替的作用，也为后来中越边境大败法军奠定了基础。

光绪十一年（1885）七月，张之洞连上《筹办刘永福内徙情形折》等两折一片，拟安置抗法有功的黑旗军首领刘永福回国。刘永福此时对回国后的命运仍存疑虑，迟迟不愿回撤，而朝廷一再严催张之洞说服刘永福必须如期撤回国内。张之洞只得多次派人到黑旗军营中劝慰，并对刘永福提出的条件逐条作答，同意其继续统兵2000人，如旧部不敷，到粤后再募足，并一概发给后膛精枪利炮，给银2万两安置部众家属，为有功及伤亡将士奏请奖恤等，还在广州城内的豪贤街为他准备了公馆。刘永福有感于张之洞的知遇之恩和盛情关爱，于是率众回国，于光绪十一年十二月到达广州，不久被授予南澳镇总兵，正式成为清朝的一名将领。

二、起用冯子材，大败法军

滇、桂两省地处中越交界，均为战略要地。张之洞在谋划滇越边境事宜、接济黑旗军的同时，也十分重视广西边境抗法斗争的战略布局。光绪十年（1884）十一月初，张之洞提出"出偏师助桂军，腾出兵力攻西路"的主张，"偏师"就是指起用爱国老将冯子材和淮军将领王孝祺。而此时的冯子材已经告老还乡，张之洞立排众议，起用并倚重信任冯子材，张之洞还亲自制定了"保关克谅"的战略，运筹帷幄，出奇兵破敌，挫败法国侵略者之淫威，冯子材能够"建此殊绩，亦张之洞知人之效也"，应该给予足够的肯定和赞赏。

冯子材,广东钦州(今属广西)人,字南干,号萃亭。早年参与镇压太平天国运动,并展露出出色的军事天分,作战勇猛,屡立战功,"擢广西提督,赏黄马褂,予世职"。以军功于同治元年(1862)擢升广西提督,光绪元年(1875)调任贵州提督,光绪七年(1881)回任广西,后受排挤,于光绪八年(1882)愤然称疾告老还乡。张之洞上任后,冯子材已近古稀之年,曾有人建议李鸿章起用冯子材赴越作战,李鸿章以其年老力衰而未允,张之洞力排众议,坚持认为"冯虽老,未闻衰;旧部多,成军易;由钦往,到越速;在越久,水土习;用土人,补遣便;将才难得,节用取之"。在张之洞的力荐争取下,朝廷任命冯子材为帮办广西军务,负责指挥广西前线抗法战争。张之洞为冯军筹办军饷、武器,同时在广西龙州设立转运局,负责转运从广东运来供应冯、王两军的饷械和援桂军需,有力地支援了广西边防。

十一月,冯子材接到张之洞的命令,不几日便在钦州、防城等地募足了十八营的兵员,他指挥众军士浩浩荡荡开往前线。为配合冯子材部,张之洞派总兵王孝祺率八营精锐,驰赴谅山;又派参将莫善喜、陈荣辉各领一军,作为冯子材后援,一道出关。

光绪十年(1884)十二月二十七日,张之洞上《分遣广军规越折》,全面分析敌我态势,并报告自己的战略安排。他说,今日敌情事势,我军无力马上驱逐占据台湾基隆的法军,法军也不能尽破我军而据全台,因此台海一线应暂取守势。法军增兵的重点在越南,其意图是先并力攻击我东线的桂军直至我军撤出越南,而在西线暂取守势以拒滇军,因为桂近滇远，桂军所据的谅山一线直接威胁着法军占据的北宁、河内等重地。据此，张之洞提出"争越南以振全局"的战略构想，即在东线与法军决战，如果取胜，逐渐规复越南北部地区，迫使法军回救越南，台围自解。

光绪十一年（1885）初，法军集中火力进攻谅山。谅山的战略地位十分重要，守住谅山就可以据此守住西南门户，失掉谅山无异于打开大门"迎接"法军的炮火。此时，冯子材、王孝祺两军已日夜兼程赶往镇南关，奉命受潘鼎新统一调遣。然而此时驻守谅山的广西巡抚潘鼎新，坚守李鸿章所提出的不主动出击的作战原则，还未与法军正面交锋，便以"我军精锐损折，弹药俱尽"为由，弃守谅山，退入镇南关内。在他的影响下，驻扎关外的数十营清军争相入关，粮饷器械丧失殆尽。潘鼎新为了开脱责任，率先向朝廷解释战败的原因，称两军交战之时，"冯子材、王德榜二十八营飞催不至，掣肘万分"。指责冯子材等人不听调度，坐视不援。清廷震怒，下旨严饬："冯子材、王德榜两军飞催不至，可恨至极。著张之洞、潘鼎新传旨严催。倘有玩延，即照军法从事。"张之洞接到谕旨后，一时之间也被蒙蔽了，他电斥冯子材："你如此自立门户，不予援救，何以上对朝廷，又何以面对那么多死去的桂军！"而满腹委屈的冯子材则先后两次将当日发生之实情禀报张之洞，恳请张之洞能够为自己洗冤。张之洞在经过多方核查之后，确定冯子材所言真实可信，便立即和彭玉麟联合上奏朝廷，"并非冯、王不听调度，实由潘抚调度乖方，且陈其欺饰状"。张之洞劝慰冯子材万万不能因小事延误大局，鼓励他重振旗鼓，保家卫国。冯子材这才卸下思想包袱，竭尽全力地筹划抗法事宜。

查清事实后，朝廷任命冯子材帮办广西关外军务，接替镇南关前线指挥权,准许他相机行事。冯子材十分感激张之洞的信任,他团结将士,精心准备,决心打退法军,收复镇南关。冯子材详细考察了前线地形,精心谋划工事,制定战术,多次击退法军。年近七旬的冯老将军身先士卒,奋勇杀敌,不顾自身安危,在枪林弹雨中发号施令,鼓舞士气。战斗到最危急关头,长墙处已有法军突破,眼看阵地就要失守,冯子材怒目圆睁,环顾身边将士,大喊道:"法再入关,有何面目见粤民,何以生为!"说完,便手持长矛,率部下纵身跃出,与法军展开肉搏。众将士受其感召,均热血沸腾,争先恐后扑出,势不可当。在清军的勇猛冲击下,法军全线崩溃。清军乘胜追击,一气追出镇南关外二十余里,毙敌千余,夺获军械粮药无数。这便是震惊中外的镇南关大捷,这是鸦片战争以来中国人民对外战争中的第一次胜利。接着,冯子材率部反攻,二十六日攻克文渊,二十九日获谅山大捷。此后清军接连攻克观音桥、谷松、郎甲、船头等地,势如破竹。法军惨败的消息传至欧洲,法国首相茹费理及其内阁被迫下台。此次边疆危机能够解决,张之洞运筹帷幄、起用良将、筹措军需以及制定作战方略等,对这次胜利做出的贡献不容忽视。唐景崧曾这样评论镇南关一役:"是役也,朝廷威灵,将帅勋略,均应表暴,为千秋论世者之徵……非南皮尚书豫筹冯、王协桂之师,则桂军势不能骤振。然则南皮实为功首也。"

冯子材军抵郎甲,距河内不过百余里,准备乘势拿下北宁、河内,张之洞也急电冯子材"兵机正利,不可迟缓,亦不可轻敌",并许诺攻克北宁者犒银10万两。正当张之洞雄心万丈,日夜筹划,准备谋取彻底的胜利之时,他万万没有想到,清廷却突然大唱反调,决定"乘胜即收",致使清军无法进取。李鸿章作为主和派的代表，振振有词地说："当借谅山一胜之威，与缔和约，则法人必不再要求。"他向慈禧提出"乘胜收束"的主张，重开谈判。而法国也急于求和，这正合清廷心意，马上应允，并不惜牺牲广大官兵浴血奋战得来的战果，下诏停战撤兵。张之洞、彭玉麟等频频电奏朝廷，反对撤兵。"冯军刻必进攻北宁，大胜后方可言和。"然而，慈禧、李鸿章等人已打定和议的主意，作为臣子的张之洞只能听从清廷的命令，不得已下达撤军命令，电告冯子材等人："事权不一，洞能请之；需饷需械，洞能筹之。班师迫促，尽弃前功；已得越疆，仍还法虏。事机可惜，边患何穷！"抱憾之情，溢于言表。

光绪十一年（1885）六月九日，李鸿章与法国公使巴德诺在天津签订《中法会订越南条约十款》，其内容有：

1. 中国承认越南是法国的保护国。规定凡有法国与越南自立之条约章程，或已定者，或续定者，现时并日后中国均听办理。

2. 在中国边界云南和广西各指定一处通商口岸，法国可在此设领事馆，享有与其他通商口岸同样的特权。

3. 法国所运货物，进出云南、广西边界应纳各税，照现在通商税则较减。

4. 中国日后修筑铁路时，应与法国商办。

通过以上条约规定，法国虽然在战场上大败，但却在谈判桌上得到了它想得到的权益，达到了其发动侵略战争的主要目的。它承诺的唯一义务，是从台澎地区撤兵，但前提是中国军队必须首先从越南北部撤走。对战争如此的结局，张之洞深恶痛绝，但却无能为力，"愤愤欲死"，只能仰天长叹:"庸臣误国,以至于此","赫德不去,是我国的大害"。至于此,中国不败而败,法国不胜而胜。

中法战争"不败而败"的和约使张之洞痛心疾首,他认识到为了保卫国家的独立,必须"效法西法",举办洋务新政,他渐渐从清流派转到洋务派的行列,逐步成为后起的洋务派首领。

中法战争结束后,张之洞声望倍增,但他独断专行的作风引起巡抚倪文蔚的不满。由于倪文蔚的各种掣肘,张之洞的各项主张难以施行。张之洞如鲠在喉,便积极活动起来,向时任刑部尚书的堂兄张之万陈述倪文蔚的种种不是,称"文蔚庸驽不职,遇事掣肘,不能相处以成事功",希望张之万设法活动,调离倪文蔚。不久,倪文蔚改调为河南巡抚。张之洞则兼署广东巡抚,他将亲信调任各个重要部门,牢牢掌握了广东军政大权。

第四节 洋务新政

广东的财政一直不够宽裕,随着中法战争的爆发,为本省海防而借洋款约500万两,为滇、桂、台、越各地防务借款400万两。900万两的巨额债务原定由各省协拨摊还,但战后户部却奏请由广东一省独立归还。张之洞不堪重负,通过向官商筹措资金,整顿税收,开源节流,甚至不惜冒着劣政恶名,开"闱姓"赌捐,历尽艰辛,不仅从根本上扭转了粤省财政入不敷出的窘境,还做到略有节余。

光绪十一年(1885)六月,因藩司调任外省,张之洞立即上奏朝廷,派请两广盐运使瑞璋兼办未结洋务各案和洋务要件,寻常洋务事件仍由粮道会同办理,整个洋务事件统由张之洞核裁。光绪十二年(1886)七月,张之洞下发《札司道讲求洋务》,强调洋务的重要性:"洋务为今日要政,加以广东远控南洋,距各国洋界最近,交涉事件尤为繁要,举凡安内、攘外、关税、厘金、教案、海防,种种皆与吏治民生相涉。稍有疏舛,即生枝节。稍涉敷衍，即致贻误，大局所系，悔不可追。"张之洞饬令设立办理洋务处，在两广总督署附近设署办公。办理洋务处的成立，开创了广东洋务事业的新局面。

一、购造军舰，筹建近代水师

光绪十一年（1885）初，中法战争刚刚结束，张之洞即在筹议海防要策一折中，总结战争中我方往往"不免受制于敌者，实因水师之无人，枪炮之不具"，提出储人才、制器械、开地利等三项急务，说"斯三者相济为用，有人才而后器械精，有煤铁而后器械足，有煤铁、器械，而后人才得以尽其用"。张之洞深知："海防之要，无论战守，必有水师，战船以援炮台，炮台以护战船，台船相辅，其用乃宏。"为了筹建近代水师，加强海防，他从三方面着手：一是由广东自造浅水兵轮；二是奏报清政府，向外国购买铁甲巨舰；三是由福建船政局协造中型兵轮。

光绪十一年五月，张之洞奏准在黄埔设厂，选募华工，采取香港华洋船厂图式，试造浅水兵轮四艘，取名广元、广亨、广利、广贞，这四艘兵轮"虽系华工所造，视洋造者尚堪仿佛"。船头之炮有效射程为五华里，用来防护内河及近海各口，还是非常实用的。

光绪十一年十月，张之洞在向清政府奏报的《筹议大治水师事宜折》中，对大治水师、巩固海防的全局做了阐述，建议全国建立北洋、南洋、闽洋、粤洋四支海军，拟自领粤洋一支，购置舰艇，精心训练。粤洋海军拟配大型铁甲舰3艘，铁甲鱼雷船6艘。以大型铁甲舰1艘和铁甲鱼雷船2艘，并酌配快船组成一队，三队合为一军。但要筹集此笔巨款，两广远无此财力,张之洞只有寄希望于清政府统筹。清政府对张之洞的大治水师之议,认为"不无可采",但由于经费无着,只有按照慈禧太后的懿旨,"先从北洋精练水师一支,此外分年兴办"。

光绪十二年(1886)八月,张之洞饬令开设广东船局,委广东按察司于荫霖兼任督办,候补道施在钰为会办,负责督造浅水兵轮。造船经费由广州协副将邓安邦、大鹏协署副将赖镇远、顺德协副将利辉等邀集文武官绅分三年捐助数十万两,不动库款。经过努力,造出浅水兵轮十艘,以天干命名,第一艘名曰广甲,第十艘名曰广癸。

光绪十五年(1889),广东船局续造兵轮两艘。到19世纪80年代末,广东已拥有大小兵轮30余艘,防卫内河的能力大为增强,初步建立起一支近代化的广东水师。

二、创办水陆师学堂

张之洞督粤后,将实学馆改名博学馆。张之洞认为:"古今人才皆出于学,学之为事,讲习与历练兼之。近日海防要策,首重水师、兵轮,次则陆军、火器。外洋诸国于水陆两军皆立专学","若欲应时制变,固非设学不可"。他学习西方,仿效天津、福建,于光绪十三年(1887)八月奏准,创办广东水陆师学堂。

张之洞在黄埔长洲地方的博学馆(原名实学馆)原址扩充地段,增建堂舍,创设广东水陆师学堂。有楼房七栋、平房九栋,共一百八十六间房舍、讲堂,另设有马步炮科操场、机器厂、管轮机器厂、铸铁厂、打铁厂,机器厂内有锅炉、镟床、钻床、刨床及剪铁机十七台,还有水师练习船一艘，其办学设施、设备等条件可谓完备。聘任吴仲翔为学堂总办，初设汉教习11名、洋教习3名，另设练船教习4名，皆用洋弁。设三个专业，水师有管轮专业和驾驶专业，陆师一个专业。水师学生则学英国语文，分管轮、驾驶两堂，管轮堂学机械理法、制造、运用之源，驾驶堂学习天文、海道、驾驶、攻战之法。陆师学生则学德国语文，分马步、枪炮、营造三项。两年后，张之洞又奏准于学堂内添设矿学、化学、电学、植物学及公法学五学堂，延请外籍教师多名从事教学工作。这样，广东水陆师学堂便发展成为以军事为主的多学科近代教育机构。1924年，孙中山就是在原广东水陆学堂的校区内创办了黄埔陆军军官学校。

学堂兼采各国之所长而不染陈旧习气，讲求武备之实用而不尚虚文。学生三年毕业后，择优派往外国各学堂、兵船或军队历练学习。在校学生可应文武试，学习年限为三年。课程设置仿天津水师、武备学堂和福建船政学堂成法，并规定每日清晨必读"四书""五经"，"以端其本"，主要学习西方近代自然科学和社会科学知识。在洋教习歇课的时候，学堂还讲习书史，试以策论，使学生通晓中国史事、兵事。这正是他所主张的"中学为体，西学为用"的具体措施。

对学生的学习还要求"征诸实践"，每年有九个月时间在校学习，有三个月时间在船、在营练习。水师学生学成之后，拨入练船练习一年。"水师之有练船，所以与学堂相辅而行，学生在堂既备习水师诸学之理，派登练船乃以使即平时在堂所学者，一一征诸实践，以备娴其法。"水师学生入练船一年以后，再选优分赴外国学堂兵船学习。陆师学生毕业后，也择优赴外国学习深造。广东水陆师学堂的创立，为广东培养、储备近代武备人才和科技人才做出了积极贡献。

此外，张之洞还整顿书院。光绪十三年（1887）奏请创建广雅书院，次年于广州西村建成。由广东、广西两省各选百名士子肄业其中，分经、史、理学、经济四门。他"设立书院之举，窃欲鼓舞士类，维持世风"。他还饬令所属对广东省境内的学海堂、端溪书院、雷阳书院、金山书院、北江书院等，或进行维修，或增拨经费。光绪十三年八月，又设立广雅书局于广州文明门外南园旁，刊校各书院所需经籍及广东地方性图书。张之洞重视文化教育，促进了两广地区文化教育的发展。

三、创办军用工业

中法战争期间，张之洞向外洋购运军火，兼济滇、桂，采办维艰。他深切体会到："必须购置机器，自行制造，始可取用不尽，无庸倚赖外洋。"为此，他饬令海防善后局在上海泰来洋行购运制造枪弹机器来粤，拟于广西南宁设厂制造，以便就近补充桂滇前线各军之需。张之洞咨询时任署理广西巡抚李秉衡，在广西设立机器局，设厂制造枪弹，以应边防之需。但李秉衡以"广西经费拮据"为由，提出无力再办此事，拟将广西订购的枪弹机器暂留广东或运到南宁存储。

光绪十二年（1886）十月，张之洞委派薛培榕会同地方官在广州城北二十里之石井墟购地三十余亩创建枪弹厂，于光绪十三年五月建成。枪弹厂的建成，加强了两广的防务。

在建成枪弹厂后，张之洞开始筹建枪炮厂。首先，在政府财政拮据的情况下，张之洞继续采用劝绅商捐助的办法筹集经费。其次，确定制造的枪炮类型和订购制造枪炮的机器设备。从光绪十四年（1888）起，张之洞经多方咨询，详切考究，选定德制连珠毛瑟枪和克虏伯过山炮先行仿制，并通过清朝驻德国公使洪钧，向德国柏林力拂机器厂定购制枪、制炮机器设备各一套。再次，择地筹建厂房，选定距离广州西北40多里的石门为厂址，该地后依山麓，前临北江，地势深奥近内，水运便利。

张之洞的这一宏大计划尚未实现便奉命调任湖广总督，继任两广总督的李瀚章以枪炮厂捐款未收完全，无款再垫为由，请清政府将张之洞订购的枪炮机器移置津、通，由朝廷拨款设厂。清海军衙门和李鸿章将此事电告张之洞，征询意见。张之洞复电表示，请将所购的机器设备运往湖北，这批机器后来成为湖北枪炮厂的重要部分。

四、开办民用工业

(1) 筹办广东钱局

鸦片战争后，中国白银大量外流，银贵钱贱，财政空匮。广东自咸丰七年（1857）至光绪十三年（1887）的三十年间未开铸制钱，市面流通的除制钱（铜钱）、纹银外，还大量使用外国银元（主要是墨西哥银元）。外洋银元以其精美坚挺广泛流通于中国市场，并通过不断上涨的兑换比例，掠夺中国的巨额财富。这种状况既有碍于商品经济的进一步发展，也有损于国家的货币主权。

光绪十三年（1887）正月二十四日，张之洞向清廷奏议《购办机器试铸制钱折》《试铸银元片》。他认为，欧美各国均有其独立的币制，而"中国乃用各国错杂所铸之银钱，甚至霉黑破碎不可辨认，而民间争相行用，其于体制实有所关"。铸币便民，乃国家自有之权利，既有裨于国体，又为自强之一端。对于张之洞的请求，朝廷只同意在详细核算并有了确切制造工本的前提下，才能试铸铜钱，至于兼铸银元，则"事关创始，尚须详慎筹划，未便率尔兴办"，户部担心中国白银外流日多，一旦聚以铸造银币，恐致银价上涨，且来源枯涸。为此，张之洞托驻英大使刘瑞芬定购英国喜敦厂铸币机器全副，在广州创办广东钱局，铸造铜钱。

光绪十五年（1889）一月，铸钱机器全部到齐后，张之洞委派蔡锡勇、薛培榕筹建厂，于广州东门外黄华塘买地82亩建筑厂房，安装机器。该地靠近东濠，将东濠加宽挖深，便于转运。

光绪十五年八月，第一批二百万串铜钱已经造成，这种机制铜钱"轮廓光洁，字体精好"，实非人力所能及，私铸断难仿效。试铸制钱的成功，坚定了张之洞铸造银元的信心。正巧这时香港汇丰银行提出与广东铸钱厂合作铸造银元，于是张之洞向朝廷奏议《洋商附铸银元请旨开办折》，陈明"所有银元遵旨尚未开铸"，现有香港英商汇丰银行欲求代为附铸银元，请旨准予开办，并对户部担心的私销、私铸、私剪及行销是否通畅，一一做出解释，从而打消了朝廷对试铸银元的种种疑虑，并将广东钱局试铸的银元式样大小五种各十枚送往北京"恭呈御览"。不久，张之洞获准试铸广东银元。

广东银元每枚重库平七钱二分，含银量九成，一面铸"光绪元宝"四字，清文、汉文合璧，一面铸蟠龙纹，周围铸"广东省造库平七钱二分"十字，兼用汉文、洋文，以便与外洋交易，并照外洋通例，兼铸每元二开（即五角）、五开（即二角）、十开（即一角）、二十开（即五分）之小银元，铸明分两轻重，含银量由八成六递减至八成，以便民间交易，零星搭用。广东银元制作工艺先进，形制精美，成色稳定，信用可靠，发行后通行各省，商民称便。广东钱局的创办，广东银元的开铸与流通，是清末铸币的一次技术革新，对晚清币制改革发生了重大的影响。

(2) 创办广东织布局

广东是最早对外通商的地区，19世纪中叶以后，自然经济解体的程度远较其他地区为甚。19世纪80年代以前，这里没有一台新式织机，洋纱洋布充斥市场，传统棉纺织业日渐萎缩。张之洞目睹于此，决心发展民族机器纺织业，他指出："棉、布本为中国自有之利，自有洋布、洋纱，反为外洋独擅之利。耕织交病，民生日蹙，再过十年，何堪设想！今既不能禁其不来，惟有购置机器，纺花织布，自扩其工商之利。以保利权。"他派员调查广东市场洋布销售行情，并请驻英公使刘瑞芬在英国订购机器。为了筹设织布局，张之洞首先疏通了与上海布局的关系，于光绪十四年（1888）十二月二日致电李鸿章："阅申报载，上海布局经尊处奏准十年内不准另行设局，是否专指上海而言？粤设官局，本与商局有别，且进口布多消旺，断非沪局所能遍给，粤供粤用犹恐不给，当不致侵沪局之利。望速电复。"李鸿章于十二月六日复电："粤设官局距沪较远，似无妨。"此后，张之洞通过清政府驻英公使刘瑞芬了解织布机器价值和建厂设局办法，拟织造中国最通行的七种布料，计有原色扣布一种，原色布上次两种，白色布上次两种，斜纹布一种，提花色布一种。但需参用洋棉花十分之三。

光绪十五年（1889）八月，向英国工厂订购布机一千张，照配纺纱、染纱、轧花、提花各项机器及汽炉、锅炉、水管、汽管、机轴等件。共需价84832英镑，外加运脚、保险等费用，折合共需银40余万两。机器在伦敦交清，分五次运粤。每台机每日可出布一匹。张之洞计划在广州珠江南岸（河南）设厂。后张之洞移督湖广，经与继任粤督李瀚章商议，所订织布机移鄂。

（3）筹建广州炼铁厂

开矿冶炼，是开地利以立自强之本。张之洞在粤设立矿务局，建议各地查勘矿苗，招商开矿。中法战争刚结束不久，张之洞于光绪十一年（1885）十月十八日写信给道员李蕊等人，命他查勘广西矿苗，发现广西矿产丰富，如浔州府贵县天平寨的银矿，桂林府临桂县捞江暨义宁县的铜矿，庆远府河池州思恩县的银矿、锡矿、铁矿、朱砂矿，横州博白县等处的金银矿，等等。清朝初年实行海禁，后来海禁虽开，但铁禁仍沿行，两广深受其害。因为此时每年外洋铜铁进口不下数千万斤，大利尽为所夺。而有来无往，理殊不平。提倡矿务，以煤铁为大宗，粤铁精良而销路不广，与铁禁有关。光绪十二年（1886）年末，张之洞奏请清廷开两广铁禁，以兴矿务而惠商民。清廷旨准，两广矿务因而有较大的发展，广东开矿有十余处之多。

张之洞督粤举办洋务，多方并举，计划宏大，有几项已在粤办出成效，有几项已在粤开其端绪，后移鄂开办。他大规模举办洋务，在当时引起良好的反响，尤其是在开铸制钱、银元和设立纺织厂等方面，甚得好评。掌广西道监察御史吴兆泰于光绪十六年（1890）十月二十八日给清廷的奏片中说，张之洞兴办这些企业，"无论行之有利无利也，而尊国体，收利权，便民用，一举三善，莫大于此"。如果以"尊国体，收利权，便民用"的"三善"，加上育人才、固国防、开风气的"三善"，此"六善"可作为张之洞在粤督办洋务的总体评价。张之洞通过在粤举办洋务新政，为后来在湖北大规模洋务事业开了路，做了准备，奠定了基础，对中国近代经济、国防、文化的发展做出了积极贡献。

在两广总督任上，张之洞还在中越勘定界限、平定海南黎乱、保护华侨权益、保留澳门领土主权等方面做出极大努力，在维护社会稳定、挽回国家利益方面取得相当成效。

光绪十五年（1889）四月，张之洞上《请缓造津通铁路改建腹省干路折》，指出总理海军事务衙门李鸿章奏请的修天津到通州的铁路，有五个不合理的理由，应"先择四达之衢，首建干路以为经营全局之计"，他主张先修筑芦汉铁路，认为"此则铁路之枢纽、干路之始基，而中国大利之所萃也"，并建议将全路分四段修筑，八年修通。此折一上，慈禧太后降下谕旨，同意张之洞的建议。光绪十五年七月十二日，朝廷调张之洞为湖广总督，由李瀚章接任两广总督。在出任两广总督的五年里，张之洞已经心力交瘁，须发皆白，因疾病缠身，他曾五次请病假，三次请开缺，这些都表明他那瘦弱的身躯已不堪重荷。

从抚晋兴革到治粤抗法，张之洞为官一方的治理才能得到了充分的发挥，他以仁厚的传统儒家方式规范官场，也以过人的魄力纳贤能、担重责、扬国威，自己身体力行地践行着张氏族人清介廉能、简约知礼、忠诚报国的家族风气。

从吏治的整顿、洋务的开展到军事上的知人善任、运筹帷幄，张之洞取得不少政绩，其后代也不乏参政参军者，但由于时代原因，他们中的一些人仅仅承继了张之洞的政治才华却未能传承张之洞高尚的爱国情操，背弃了南皮张氏代代相传的忠孝家风。

张之洞之子张燕卿、张仁蠡便是反面人物的代表。张燕卿，原名仁乐，毕业于日本学习院，这为他亲日的政治倾向打下了基础，北洋政府时期他在天津担任过多个颇有实权的职位。然而，九一八事变之后，他投敌，后来进入伪满洲国，成为伪满洲国的重臣。张仁蠡，字范卿，毕业于北京大学，北洋政府时期担任过多地县长，抗战爆发后，他为谋求政治地位投靠殷汝耕，曾代表殷汝耕访问日本，日军占领武汉后曾想让张燕卿担任伪武汉特别市市长，但他想在北京谋求更高的政治地位，便推荐弟弟张仁蠡担任这一职务。张仁蠡当了汉奸，但他在担任伪武汉特别市市长时期，新建堤院，维修张公堤，对市政建设还是做出了应有的贡献。后来，张仁蠡又任过汪伪国民党中央委员、天津市市长等职。抗战胜利后，张仁蠡被国民政府以汉奸罪判处无期徒刑；中华人民共和国成立后，于1951年被处以极刑。同样投敌的张仁乐也在抗战胜利后被关进监狱，但由其妻龚安惠通过章士钊说情得以出狱，出狱后的张仁乐只身前往日本，终而客死东洋。

张燕卿生于1898年，张仁蠡生于1900年，他们出生时张之洞已然年近古稀，此二人与张之洞也并不是那么亲密，即便如此，对于以仁厚、忠孝、爱国为世人称道的张之洞来说，他恐怕怎么也不会想到，自己会有如此叛国的后人，而这二人的最终结局也颇有些清理门户、彰显家风的意味在其中。

第七章

督鄂图强,"中体西用"行洋务

张之洞因主张修建芦汉铁路而调任湖广总督,他在这个自认作"第二故乡"的地方,开始辉煌的洋务创业历程,并提出"中体西用"思想以调和中西文化矛盾冲突,还大力兴办教育以培育新式人才。

光绪十五年(1889)七月十二日,张之洞调任湖广总督,从此督鄂长达17年。除光绪二十年(1894)、光绪二十八年(1902)两度暂时署理两江总督,驻节江宁外,张之洞一直总督湖广,这在封疆大吏频繁调动的清代堪称罕见。张之洞在湖广总督任内推行湖北新政,其最主要内容即办厂、练兵、兴学这三部分。

第一节 兴实业

光绪十五年（1889）年底，张之洞因主张修建芦汉铁路而调任湖广总督，在湖北，他开始了辉煌的洋务创业过程。张之洞虽然较晚介入洋务运动，但他有后来居上之势，他在湖广总督任内所办的洋务企业，或为首创，或水准超越此前的同类企业，着实体现张之洞办洋务的气度非同一般。

一、争取路权

光绪十四年（1888），李鸿章建议在通州和天津之间修筑铁路。

这一提议引发顽固派的群起反对，侍读学士张家骧举"生事""扰民""夺利"等三个弊端，内阁学士徐致祥更列出"靡费""资敌"等"八害"。在他们看来，铁路修成后，就没有险要的关口了，会严重影响到国家安危。至于通州更是不能修筑铁路，"从北京到天津塘沽，本来关卡不多,再修铁路,无疑于门户洞开,由塘沽赶到北京只用半天,使北京朝不保夕"。

对于这种谬论,洋务派极力反驳,还提出在山东德州、济宁之间修路,以联通运河,江苏布政使黄彭年还提议先在边防各地、漕路上试修,然后推广至北京附近。刘铭传则认为应该边海、内陆同时并举。张之洞那时还在抗法战争的前线,他深切体会到修筑铁路的重要性。面对修路之争,他认为一方面要避开顽固派反对,一方面要能让清政府同意修筑一条

芦汉铁路开通时,张之洞乘坐首班火车

大干线,促进铁路事业的发展。经过一番考虑,他于光绪十五年(1889)四月十二日递上一道《请缓造津通铁路改建腹省干路折》,提出将芦汉铁路"分四段、八年造成"的建议,指出筹款的具体办法有三:一是由铁路公司照常招股,二是由地方官员设法集股,三是借商款垫解。建设铁路除需要大量资金,还需要大量的钢铁制造铁轨,张之洞提出了置炉炼铁造轨"以杜外耗"的主张,这是他关于芦汉铁路最早的筹建设想。

张之洞的奏折引起了清政府的注意,慈禧太后降懿旨称张之洞所议"自芦沟桥起经行河南达于湖北之汉口镇,划入四段分作八年造办等语,尤为详尽",要求总理海军事务衙门"即就张之洞所奏各节,详细核议奏明请旨"。正是因为这道奏折,他调任湖广总督,开始了与中国近代铁路事业的密切联系。

张之洞在奏折中还分析了当时中国铁路之"急"和"利","窃以为今日铁路之用,尤以开通土货为急……苟有铁路,则机器可入,笨货可出,本轻费省,土货旺销,则可大减出口厘税以鼓舞之,于是山乡边郡之产,悉可致诸江岸海壖面流行于九州四瀛之外,销路畅通",他认为芦汉铁路的建设对中国的军事国防、资源开发、经济发展、社会进步、铁路建设等方面均有积极意义,他概括为"八利"。芦汉铁路作为中国铁路建设的起点,建设的成效事关中国铁路建设的前途,张之洞对此看得非常深刻。因此,尽管他意识到"芦汉干路延长二千四百华里,即遍较欧洲各国大轨路,亦称巨擘",但仍直言上奏"展路于有利无害之域,即艰重亦所当为"。李鸿章对张之洞的这些认识也颇为赏识,称其"识力恢廓"。

光绪十五年(1889)九月初十日,张之洞呈递《遵旨筹办铁路谨陈管见折》,明确提出"储铁宜急,勘路宜缓,开工宜迟,竣工宜速"的修路总方针,和"宜以积款、采铁、炼铁、教工四事为先"的具体步骤,计划以十年为期,前六七年主要做好采矿炼铁、制钢轨、派出国学习铁路技艺、勘测路线等准备工作,后三四年开工修路,两端并举,一气呵成。他反对借资洋款洋铁,认为如此"必致坐受盘剥,息外有息,耗中有耗",与创修铁路的以开利源、严塞漏卮的本意相悖,他主张官款官修,由户部每年下拨二三百万两白银作为铁路专款。他对筹款和自炼钢铁充满信心,说"度支虽绌,断无合天下之力不能岁筹二百余万之理。中国铁虽不精,断无各省之铁无一处可炼之理"。张之洞的这些建议,都得到朝廷的重视和认同。

中日甲午战争之后,张之洞对芦汉铁路的作用和地位又有了新的认识。光绪二十一年（1895）七月十九日，张之洞在《吁请修备储才折》中指出："中国应开铁路之地甚多，当以芦汉一路为先务。"九月六日，张之洞致电总署提出了中国铁路建设的线路规划，提出成立铁路总公司，并向南洋华侨招股，还可以借洋款，但不许外国人入股，以保铁路主权。他还推荐盛宣怀为铁路督办大臣人选。同年十二月，铁路总公司成立，采用商股、官股、官款、洋款并举的方式筹集资金。在与外商谈判借款时，美国华兴公司提出"包造"铁路，与中国平均分利。同时，比利时也积极活动，争取债权。张之洞从维护铁路主权考虑，权衡比较，认为比利时是小国，相对容易对付，于光绪二十四年（1898）六月修订《芦汉铁路比国借款续订详细合同》，借款一亿一千二百五十万法郎。比利时方面在俄、法等国支持下，仍攫取了部分路权。

光绪二十四年至二十八年（1898—1902），芦沟桥至保定、汉口至信阳段先后通车。光绪三十一年（1905）芦汉铁路全线贯通，包括接通芦沟桥至北京一段，总长1200千米。清廷派张之洞与袁世凯共同验收，并改称京汉铁路。

芦汉铁路的修筑，刺激了全国铁路事业的拓展。光绪二十二年（1896）五月，清廷下诏修筑粤汉铁路，由官方主持，粤、湘、鄂三省绅商通力合作，以保铁路权利。然而，盛宣怀通过驻美公使伍廷芳向美合兴公司商借洋款四百万英镑。美方在合同中强行塞入派员勘测、筑路并"照管驶车等事"的条款，规定直至五十年后中国还清债款，方可收回铁路管理之权。三省绅商对清廷出卖筑路权极为不满，强烈要求废除合同，收回路权，张之洞支持三省绅商的要求，表示"中美合办断断不可，废约坚决，一定不改"。最后，合兴公司向中国方面勒索高价，出让路权。张之洞从维护主权出发，以675万美元的高价赎回路权。

光绪三十一年（1905）七月，张之洞奉旨督办粤汉铁路。十一月，为协调粤、湘、鄂三省的关系，他在武昌召集三省绅商会议，提出"各筹各款，各修各路"的建议，希望将借债与修路分开，只是在资金上依靠外债，路权则由自己掌握，试图把借债变成一个不涉及政治主权的纯经济问题。张之洞在与英、法、德三国银行议定借款合同时特别注意路权利益，当时英国公司代表濮兰德"始欲包工，意在揽修路之权"，企图干涉中国用人、购料之权，张之洞认为这"种种无理要求，实出情理之外"，他指示议款委员严词拒绝。结果所订合同规定"所有建造工程以及管理一切之权，全归中国国家自行办理"，张之洞也认为这个合同对中国利益主权毫无损失。为保障粤汉铁路的顺利修筑，他先在武昌城的甲栈设立粤汉铁路总局，作为路政总汇之所。这条铁路至1936年全线通车，1957年武汉长江大桥建成，京汉铁路与粤汉铁路接轨，即今天的京广铁路。张之洞为铁路的修建多方谋划，终于完成这项"他人不愿为，且不能为"的大业，可以称得上是"铁路主办元勋"。

张之洞的可贵之处还在于从中国铁路建设起步之始就注意对铁路人才的培养，他在《遵旨筹办铁路谨陈管见折》中说："目前宜即拣派曾经出洋学生一二十人，分赴铁路各国专习此艺，俟两年回华指授工匠，展转传习，则工作并可无需洋匠多人。"在光绪二十二年（1896）二月二日《创设陆军学堂及铁路学堂折》中又说："经营铁路，而人材缺乏，势必多用洋人，费且不赀，是非亟备人材不可。从前北洋亦经设有铁路学堂，其学业有成者，业经臣调用数人，惜为数不多，殊不敷用。今拟另延洋教习三人，招习学生九十人，别为铁路专门，附入陆军学堂，以资通贯，约计常年经费亦须二万数千两。"光绪三十二年（1906）六月，张之洞"专为造就湖北官费铁路学生起见"，成立湖北铁路学堂，酌定湖北学额60名，外省附学额20名，"专教铁路学识技艺，冀以养成铁路人才，备本省他时之用"，任命保送知府廖正华充湖北驻东铁路学堂提调。所有这些都反映了张之洞对铁路人才培养所做的工作，也反映了他已经深刻认识到铁路人才培养对中国铁路建设的重要性。

二、修建汉阳铁厂

早在春秋时期，我国就掌握了冶铁技术。尽管有长期的冶铁历史，但技术上的进步却非常缓慢。国内大部分冶铁工厂的技术落后，设备简陋，铁的质量十分低下，外国钢铁进口逐年增多。同治六年（1867）进口钢铁仅7000吨，到光绪十四年（1888）则达83000吨。张之洞惊呼："再过数年，其情形岂可复问！"基于洋铁日益占领中国市场的事实，又预见枪炮厂等近代化企业对钢铁的需求，张之洞提出"必须自行设厂，购置机器"精炼钢铁的主张。光绪十五年（1889）九月二十日，张之洞上疏清廷："经臣迭次奏请，开除铁禁；暂免税厘；复奏免炉饷，请准任便煽铸，以轻成本而敌侵销。"

张之洞办铁厂的想法在山西时就有，在广东时他向英、德订购了设备准备办厂，由于调任，机器的事情只好留给新任两广总督了，张之洞对此非常遗憾。就张之洞本人而言，他是不会放弃办铁厂的，他希望能够在湖北继续他的事业。

继任张之洞两广总督职位的是李鸿章的兄长李瀚章。和李鸿章不同，李瀚章对洋务并不热心，他反对在广州设立炼铁厂，张之洞给他留下的那些刚刚开工的工厂让他头疼不已。这时候，李鸿章给他出了个主意：让张之洞把买下的设备带到湖北去。于是，李瀚章奏请"量为移置"，希望张之洞将已购买的炼铁机器转往湖北。张之洞因此以修筑芦汉铁路需要钢轨为由，立请将炼铁厂移往湖北。光绪十六年（1890）四月，获得海军衙门允准，并由清廷户部岁拨银200万两作为基金。张之洞正式启动这项史无前例的筹建炼铁厂工程，于武昌城内原宝武局公所设立铁政局，派候补道蔡锡勇为驻局总办，令布、按二司，粮、盐二道会同筹办一切，兴办亚洲第一家大型钢铁联合企业——汉阳炼铁厂。

关于铁厂厂址，张之洞首先提出，湖北大冶盛产铁矿石，铁厂拟设于大冶。李鸿章表示西洋各国多以铁石就煤，没有运煤就铁的道理，建议铁厂应当设在煤矿附近。盛宣怀则建议将炼铁厂设在大冶黄石港东首，然而黄石港地势低洼，有被水淹的风险。后觅得汉阳龟山一狭小平地，张之洞认为其地"南枕大别山、东临大江、北滨汉水，东与省城相对，北与汉口相对，气局宏阔，运载适宜"，将厂设在此处交通便利，于是张之洞决定将铁厂建在汉阳龟山脚下。有专家及时提醒张之洞，开办大型钢铁联合企业，首先必须解决适用的煤、铁资源的问题。但是张之洞却表示：中国如此之大，何所不有，先把机器设备买回来再说资源问题。等到英商提供的贝色麻炼钢炉运到，才发现准备投料的大冶铁矿石含磷量太高，必须改用碱法马丁炼钢炉才能炼出适合制造铁轨的钢材。

炼铁厂从光绪十七年（1891）一月动工兴建到光绪十九年（1893）十一月大致完工，占地近千亩，全厂包括10个厂，即生铁厂、炼贝色麻钢厂、炼西门士钢厂、造钢轨厂、造铁货厂、炼熟铁厂等6个大厂，机器厂、铸铁厂、打铁厂、造鱼片钩钉厂等4个小厂。炼钢炉2座、工人3000人，雇佣外国技师40人。光绪十七年（1891）年初，汉阳铁厂破土填基，全部工程包括填厂基1.2丈，约9万立方米，安设炼铁、炼钢、轧钢机炉及造钢货等设施。全部工程雇请洋匠数十人，华工、民夫数千人。其冶炼机炉及开采、运输设备购自英、德等国。这样就以汉阳铁厂为中心，"实兼采铁、炼钢、开煤三大端"，创建了我国第一个近代化的钢铁联合企业。

光绪二十年（1894）六月下旬该厂生铁大炉开炼，在国内外引起强烈反响，"上海各洋报馆即日刊发传单，发电通知各国"，西方人士对此惊

1906年，扩建中的汉阳铁厂

诧不已，美国驻汉口领事查尔德认为"这企业是迄今为止，中国以制造武器、钢轨、机器为目的的最进步的运动，因为这个工厂是完美无瑕的"。《东方杂志》刊载的一篇文章声称炼铁厂的建成可能威胁到英、美的利益，"汉阳铁厂之崛起于中国，大有振衣千仞一览众山之势……呜呼！中国醒矣"。张之洞本人也十分自豪，他曾得意地自称"是为东半球设铁厂之始"，这家近代化钢铁联合企业的建成，对于发展中国重工业，增强国力，确实具有重大意义。

汉阳铁厂从光绪十五年（1889）始设到光绪二十二年（1896）为官办时期，1896—1908年由盛宣怀接手，转入官督商办时期，1908年以后改为完全商办，与大冶铁矿、萍乡煤矿组成"汉冶萍公司"，成为我国近代第一家大型的煤铁钢联合企业。也就是说，汉阳铁厂的发展经历了官办—官督商办—商办三个阶段。

汉阳炼铁厂倾注了张之洞巨大的心血，选址、购买机器、筹款、找矿、炼铁等，张之洞无不亲自参与，费尽周折。这一项空前的大事业，由于经验不足，无数难题接踵而来，常常使张之洞"夙夜焦急，再四筹思"，但他勉力而为，绞尽脑汁，耗银568万两，终于使这一晚清洋务企业中耗资最多的工厂巍然屹立起来。虽然铁厂也遇到了极大的困难，如炼焦之煤紧缺、产品质量低劣、耗资巨大、经费紧张等，产量之低与巨额投资不成比例，经营可以说完全失败，但是，中国近代民族钢铁工业正是从这里起步的。

张之洞创办汉阳铁厂这一功绩是值得纪念的，正如毛泽东在20世纪50年代谈到中国工业发展时曾指出的："讲重工业，不能忘记张之洞。"从这个意义上说，我们应该感谢张之洞，他被称为中国的"钢铁之父"，可以说是实至名归、当之无愧。

三、湖北枪炮厂

光绪十年（1884）中法战争爆发后，当时全国沿海沿江一带的枪械同时告急，沪、津等地局厂虽加工赶造，但生产的枪炮弹药仍远远不能满足各地的需求。时任两广总督的张之洞派人向欧美各国及上海洋行采购，西方国家纷纷声明"保守局外中立"，拒绝出售军火，而上海洋商则乘机哄抬物价，大肆敲诈。张之洞认识到"自强之本，以权操在我为先，以取用不穷为贵"，他由此决定图谋自强，萌发了兴建新式枪炮厂的念头，并开始了设厂制造枪械的活动。

光绪十二年（1886），张之洞把广东在19世纪70年代建立的机器局和火药局合并，并扩大生产规模，同时还着手创办一座枪弹厂。

光绪十四年（1888），张之洞准备筹建一座规模较大的枪炮厂。中法战争的经验教训使张之洞的政治思想发生了很大的变化。战争结束后不久，他上奏朝廷，提出"储人才""制器械""开地利"等三项主张。近代军工企业始终是洋务运动的投资重点，无论是外御列强，还是内靖民乱，新式军事装备的重要性都已成为晚清朝野上下的共识。

光绪十五年（1889）八月，张之洞上疏清廷《筹建枪炮厂折》，说明自行设厂制造枪炮的必要性和紧迫性，奏称"水陆各军需要枪炮，概系购自外洋，不但耗损中国财用，漏卮难塞，且订购需时，运送遥远，办理诸多周折……详筹时势，必须设厂自铸枪炮，方免受制于人，庶为自强持久之计"。

张之洞刚刚调离两广，李鸿章想把枪炮厂移到他的管辖范围内，而当时主持海军衙门的奕譞不愿意李鸿章借此壮大实力，正巧张之洞也竭力要求将枪炮厂移至湖北，他提出"鄂省为南北适中，若此处就煤铁之便，多铸精械，分济、川、陕、豫、皖、江、湘各省，并由轮运沪，转运沿海，处处皆便，工费亦省"。枪炮厂于是由广州移到湖北。

为了使枪炮厂项目顺利进行，张之洞一方面争得朝廷支持，另一方面自筹资金，联系海外购置机器。当时清政府财政拮据，国库空虚，他以向文武官绅及盐埠各商募集"捐款"的方式筹集资金，充作枪炮厂的购机建厂费用。

湖北枪炮厂于光绪十八年（1892）动工，两年后建成。不料建成仅十天，枪炮厂就发生一场火灾，部分厂房机器被焚毁，损失达30万两白银。张之洞遭遇挫折但不气馁，命令不仅要修复原来的设施，而且要加以扩建。枪炮厂一开始与汉阳炼铁厂合署办公，也由蔡锡勇主持工作，到光绪二十一年（1895）才独立出来。

光绪十八年张之洞通过驻德公使许景澄向德国力拂厂定购了制造各种炮架的全套机器，订购制造克虏伯炮弹的机器一套，订购制造小口径枪弹的机器一套，这些武器在当时都属于较先进的军事装备。

光绪二十年（1894）十一月，张之洞正式奏请增设炮架、炮弹、枪弹三厂，厂址也设在汉阳大别山下，是枪炮厂的下属分厂。光绪二十九年（1903），张之洞以厂内分厂林立，规模宏大，非枪、炮二字所能包括，奏请朝廷改名为湖北兵工厂。在筹建、扩建、投产、制造的过程中，不断出现诸如经费不足、人才奇缺、原料不足等种种困难，张之洞均设法予以解决。在他的直接领导下，到光绪二十二年（1896）夏，湖北枪炮厂已具有相当的规模，共有机枪34种共364副，枪弹机44种共73副，炮弹机14种共40副，炮架机20种共46副，包括炮厂、枪厂、炮架、炮弹、枪弹、无烟火药、翻砂等分厂。工厂所订购的小口径枪、新式快炮以及制造炮架炮弹的全套设备，均是世界一流的。枪炮厂还聘请德国人担任技术指导，能制造最新式的快枪和快炮，制造口径为7.9mm的步枪，成为全国有名的"汉阳造"步枪。湖北枪炮厂无论从规模还是从技术上看，都是全国军事工业之冠。

据统计，从光绪二十一年（1895）投产至光绪三十四年（1908）的14年间，枪炮厂共制造步、马快枪11万余支、弹4000余万发；各种口径的快炮740余尊，及前膛钢炮120余尊，弹近百万发。

值得张之洞自豪的是，虽然湖北枪炮厂曾一再陷入困境，一再出现各种麻烦，但在他的统一筹措下，枪炮厂一步步发展壮大，成为晚清洋务军工企业中的后来居上者，技术设备与产品质量均遥遥领先。直到20世纪中期，它所生产的步枪"汉阳造"仍然是中国主要的步兵武器。

四、湖北布、纱、丝、麻四局

中国社会长期以来形成了农业与家庭手工业相结合的传统产业结构，个体手工经营的棉、麻、丝纺织业历史悠久。但是近代以来，它受到倾销而至的洋纱、洋布的强烈冲击，市场逐渐萎缩。洋务运动的干将开办了不少近代机器纺织企业，如左宗棠办兰州机器织呢局（光绪四年）、李鸿章办上海机器织布局（光绪八年）等。但在华中地区，张之洞督鄂之前，近代纺织工业尚为一片空白。

张之洞调任湖北总督后，精力主要投入于汉阳铁厂、湖北枪炮厂的建设上。可是，由于铁厂、枪炮厂经费紧张，张之洞开始在湖北筹建湖北织布官局，希望其盈利，以解炼铁厂和枪炮厂的燃眉之急，三个厂局"互相支援"，用"求富"来扶持"自强"。

光绪十六年（1890）年底，湖北织布官局于武昌文昌门外破土动工，两年后建成。光绪十九年（1893）年初，华中地区首家新型的近代纺织企业——湖北织布官局在武昌建成。据《捷报》报道："织布局共有纱锭三万枚，布机一千张。发动机两架，一千匹马力，可开足至两千匹马力。系购自英国的喜克哈葛里甫公司。全厂照明都用电灯，共安装了一千一百四十盏。开工需要工人一千二百名，但局中计划雇佣训练好了的工人二千五百名，以便昼夜开工。现在每天只开工十小时，但不久即将延长至十二小时，将来则拟二十四小时全部开工。"产品有原布、斜纹布、花布、面巾等，月产2000匹，每匹10丈。投入市场，销路很好。光绪十九年至二十七年（1893—1901），织布官局共生产原色布33万余匹，斜纹布11000余匹。"自湖北设织布局以来，每年汉口一口进口之洋布，已较往年少来十四万匹"，这在一定程度上实现了"略分洋利"的目的。

光绪十九年（1893），张之洞认为织布局的盈利，不够铁政局、枪炮厂的经费用度，便开始筹建利润尤厚的纺纱官局。他说："北自营口，南至镇南关，洋纱一项进口日多，较洋布行销尤广。川、楚等省或有不用洋布之区，更无不销洋纱之地。开源塞漏，断以此为大宗。"张之洞建纺纱局有两个目的，一是抵制洋纱，二是为其他企业积累资金。张之洞通过驻英公使薛福成，与英商谈判，用分期付款的方法订购纺纱机。英商同意先付四分之一货款，其余三年内付清，交货后六厘起息，机器两年内交货完毕。即便如此，张之洞还是拿不出所需现银，他决定招集商股，以助官办。最后集得商股30万两，官府拨款30万两，作为购机办厂经费。张之洞原计划建南、北两个纱厂，共装纱锭9万枚。北纱厂首先兴工，光绪二十三年（1897）湖北纺纱官局建成投产，装纱锭5万枚。投产后不久，商人认为官权太重，提出异议。张之洞见"成见难融"，便只能变通办法，原商股30万两，退还一半，另一半作为官方借款，年息八厘。纺纱官局开工后，经营情况不错，光绪二十五年（1899）一年即获利约5万金。南纱厂原计划安装纱锭4万枚，但因财力不足，无法开工。这批纱锭后来由张謇接手，建成南通大生纱厂。

湖北蚕桑业发达，但丝绸织造惯用土法，品质低劣。张之洞调任湖广后，细心询问，得知湖北作为产丝大省还没有推广机器缫丝之法。于是，张之洞决定在湖北提倡、支持这项事业。

光绪二十年（1894）年初，张之洞命湖北候补道刘保林前往上海考察有关事宜。随之将湖北蚕茧寄往上海进行实验，果然得到了满意的效果，这坚定了张之洞开办缫丝局的决心。同年十月五日，张之洞上《开设缫丝局片》，称湖北本土也产丝，但由于制造不精，销量不是很好。同年年底，于武昌望山门外购地建厂，湖北缫丝局开始兴建，机器由德商瑞记洋行负责。

光绪二十一年（1895），湖北缫丝局建成投产，"釜数二百另八，织工三百人，每日制出上等品三十斤，普通品十八九斤"，原材料基本都是湖北产的黄丝，制品全部输送到上海。全厂厂屋、机器等总价值约8万两。内有缫丝锅300盆，蒸汽机300马力，员工总共470人，多为上海来的熟练女工。由于缫丝局建成之时，花销过大，没有流动资金，张之洞希望黄佐卿投资，采取官督商办的体制建厂，但双方意见不合，只合作了一年时间，缫丝厂只得暂时停业。后张之洞又力邀上海"义昌成"老板樊时勋商量合作之事。

川、鄂是多产苎麻的地方，仅湖北一地，19世纪末，最多曾年产出30万担，但因为没有先进的制造工艺，只得低价出售给外国，外国加工成布匹后返销中国，获利颇多。张之洞决定购买德国制麻机器，在光绪二十年（1894）奏请成立制麻局。由于他当时要务太多，制麻局一直到光绪二十三年（1897）才准备开办，订购机器之事由王秉恩与上海德商瑞记洋行商人兰格合作处理，并聘用日本技师、技工做技术指导。但由于技术原因，"安厂安机，费时日五六年，纳本金七十余万"，光绪三十二年（1906）建成投产，制麻局占地面积有44亩，分两个工场，其中又设了纺纱、织布、提花、漂染、锅炉、发电等部门，共有动力690马力，员工450余人。产出各式缎匹，各式细纹、斜纹麻布，柿色军衣麻布，新式花色大小麻织台布，布麻袋及粗细各项麻纱、衬里等。日产量300斤，麻纺织品500码。湖北制麻局虽然规模不大，但却是我国第一家大型机器制麻企业。

在光绪十六年（1890）至光绪二十四年（1898），张之洞冲破重重困难，建成了湖北布、纱、丝、麻四局，构成比较完整的近代纺织工业体系，促进了中国民族资本主义的发展，具有重要意义。武汉成为华中纺织工业中心，张之洞功不可没，他曾在湖北织布局题词"布衣兴国，褴褛开疆"，他为之付出的心血，值得颂扬。

除了上述的汉阳铁厂、军工、纺织大型企业，张之洞还兴办了一些中小型工厂，如白沙洲造纸厂、湖北针钉厂、武昌制革厂、湖北毡呢厂、湖北官砖厂等。

第二节 练新军

中法战争后，张之洞开始致力于求强求富的活动，并首先谋求军事上的自强。正如张之洞在晚年时曾说："练兵一事，鄙人身心性命之学。"甲午中日战争后，北洋海军全军覆没，湘军、淮军一败涂地，彻底暴露了清朝军队的腐败和军制的落后，要求改革军队的呼声日高。

光绪二十一年（1895）七月，张之洞在《吁请修备储才折》中提出挽救危世的九条举措，把"亟练陆军"作为第一条，提出了编练新式陆军的主张。认为"日本用兵皆效西法"，训练有素，军饷充足，武器精良，战术先进，后勤周备。而中国军队仓促招募，缺乏训练，武器落后，军心不振，军纪废弛。"故非一变旧法，必不能尽除旧习。"应该加紧练兵，聘德国军人为教习并任统营官，悉照西洋方法进行训练。在一年之内，在沿海各省练成陆军3万人。各省设陆军学堂，培养军事人才。数年以后，"中国练成能战精兵十万人，不特永无内患，必可不忧外侮矣"。

同年十二月，他在《选募新军创练洋操折》中再次提出仿效西洋军制，编练新式陆军的主张。他总结了清朝旧式军队的七大弊端：一、人皆乌合，来去无恒；二、里居不确，良莠难分；三、安置闲人，兵当杂差；四、摊派克扣，士不宿饱；五、新式枪炮，抛弃损坏；六、营垒阵法，不知讲求；七、将领奢逸，用费繁多。他认为这样的军队"讨内匪则可，御外侮则不能"。所以，消除旧式军队的积弊，建立一支强大的新式军队，作为维护统治、抵御外侮的重要工具，便是张之洞追求的一大目标。他说："愤兵事之不振，由锢习之太深，非认真仿照西法，急练劲旅，不足以为御侮之资。"他进一步提出了军队改革的体与用的关系，即：

> 额必足，人必壮，饷必裕，军火必多，技艺必娴熟，勇丁必不当杂差，将领必不能滥充，此七者，军之体也。至于临阵调度运用之妙，赏罚激劝之方，军之用也。凡事必其体先立，然后其用可得而言。

在张之洞看来，军队的素质和装备，是"军之体"，善于用兵带兵是"军之用"。旧式的军队之所以没有战斗力，是因为军队的素质和装备太差，"积习锢弊，深入膏肓"，因而必须"捐弃旧法，别开局面""仿照西法，急练劲旅"，对旧的军制实行改革，才能根本改变军队的面貌。这表明，在甲午战争前，张之洞建立新式陆军的构想，主要是注意武器的改良和军事人才的培养；甲午战争后，张之洞开始认识到武器、军饷、将士、军事技术诸方面之所以存在不可救药的弊端，根本的原因是"旧法"的束缚，对军队的"旧法"进行改革势在必行，开始把注意力集中于军队制度的改革。

为了克服军队积弊，提振士气、军纪和战斗力，张之洞还提出了新式陆军的一些原则：一是重视提高军队的物质待遇。发放优厚的军饷，另设官员负责发放军饷，以防止将领克扣；由部队统一供应士兵的伙食；对阵亡的将士抚恤其家属终身。二是加强对军队的思想教育。首先在军队中提倡"知忠爱"和"厉廉耻"的思想，"须先知自己是中国人，将来学成，专以报效国家；若临战无勇，乃国家之耻，一身之耻"。三是提高军人的社会地位。仿照西洋国家，提倡尚武观念："临战之饥寒有备，战殁之家属有养。兵之死亡，君亲吊之，兵之创伤，后亲疗之；故将之尊贵，过于文臣，兵之自爱，过于齐民，强国之由，其在此矣。"在袁世凯编练新式陆军的同时，时署两江总督的张之洞，于光绪二十一年（1895）冬，开始编练"自强军"，成为中国新式陆军的创始人之一。

张之洞先从卫队、护军中选拔士兵2600余人开始编练，原计划编练1万人，至少亦5000人。后因军饷难以筹措，未能完成原定的计划。自强军的编制，全部仿照德国军制，聘德国人来春石泰等35人，担任教练和营、哨指挥官，大多数下级军官由广东水陆师学堂的毕业生充任。招募新兵采取比较严格的标准，挑选16—20岁身体健康、品行端正的农村青年，还要本村出具担保，必须服役10年，并用西医的方法进行体检。

自强军编制与新建陆军略有不同。新建陆军建制分左右两翼，是一支包括步兵、炮兵、骑兵三个基本兵种和一支工兵队的部队，不仅仿照德国陆军的操典、训练、战术和使用欧洲陆军常用的后装枪炮，还突破了清朝军队以营为最大单位、不分兵种、各营互不统属的旧军制，具有近代陆军的一些基本特点。

1903年,湖广总督张之洞与英国军官合影

自强军和新建陆军在中国近代军制史上是一个重大的转折。"北洋有新建陆军,南洋有自强军,是为练新军之始",自强军成为各地编练新式陆军的楷模。各省纷纷派人来南京实地考察,自强军也不断派遣军官分往长江流域各省担任新军教练,推动了这一地区的军制改革。光绪二十二年(1896)年初,张之洞调回湖广总督任上,江苏的"自强军"由两江总督刘坤一继续编练。

张之洞在编练新式陆军的同时,还吁请重建海军。在《吁请修备储才折》中明确提出"今日御敌大端,以海军为第一要务"的思想,认为重建海军的工作"尤宜从速,我有筹巨款购多船之举,先声所播,足见中国志气未衰,已足以隐折各国吞噬之志"。他看到了重建海军对于抵御外侮的重大意义,确实具有远见。

创练新军是张之洞推进军事现代化的又一举措。这一举动贯穿其抚晋、督粤、治鄂期间。在任山西巡抚之时,张之洞已十分重视"整军经武",力主以"练军"取代"绿营""勇营",并准备筹巨款购买外洋军火以练晋军,使"练军"归地方政府统辖,改变原来兵随将走、将帅拥兵自重的局面。但这一想法尚未落实,张之洞即署理两广总督,开始在两广实现编练新军的目标,即建立"广胜军"。就任湖广总督之后,张之洞仍然继续编练新军的工作。

光绪三十一年(1905)十一月,根据清廷练兵处公布的全国统一的新军营制饷章,张之洞奏准湖北拟在三年内练成新军两个镇(师),同时奏准以总兵张彪、副将衔游击黎元洪为第一、二镇统制官。不久,清廷统一全国常备军序列,湖北新军第一镇编为第八镇,第二镇编为第二十一混成协,湖北新军即源于此。此后,张之洞逐年扩练新军,并积极引进更为适合中国的养兵练兵之法,至辛亥革命前夕,湖北新军成为仅次于北洋六镇的强大新军,为辛亥革命积攒了有生力量。

张之洞对自己的本职工作兢兢业业,事必躬亲。他主持编练的湖北新军,无论从数量、质量方面,都堪称全国一流水准。与其他洋务大吏曾国藩、李鸿章、袁世凯等人相比,张之洞完全出于公心,甫一离任便交出军权。张之洞认为,军队是国家的,与自己并无直接利害关系,编练新军是公事,是自己的职责所在。

第三节　办教育

张之洞不仅是中国近代著名的实业家，同时也是中国近代杰出的教育家。张之洞历来十分重视教育，认为教育是立国之本，说"中国不贫于材而贫于人才"。但在甲午战争以前，他所重视的是教育在维持世道人心和士子在化民成俗中的作用，使读书人"出为名臣，处为名儒"，兴教育以创办书院为主。他一生兴办数十所各级各类新式学堂，在教育结构、教育管理、教育制度和教育思想等方面，为近代中国特别是湖北近代教育体系的确立做出了突出贡献。纵观张之洞的一生，兴办教育一直为他的主要政治活动。他兴办和改造传统书院，建立各级学堂，引导和鼓励游学，为洋务运动培养各级各类人才，还培养了一大批颇具盛名的洋务派、立宪派、革命派领袖。

一、兴办普通学堂

张之洞督鄂期间,通过创办新式学堂、规划学制体系,在武汉建立了幼儿教育、小学教育、中学教育、高等教育、师范教育、实业教育以及留学教育同步发展的近代教育结构,改变了此前私塾蒙馆、府县学宫和经学书院三个层次并立的传统教育结构。

(1) 创办幼稚园

光绪二十九年(1903)秋,张之洞在武昌阅马场创办的幼稚园,是湖北也是中国第一所幼稚园,开我国幼儿教育的先河。湖北幼稚园首次招收80名5—6岁的幼童,学业1年。以后继续招收4岁上下的幼童,规定2年毕业。幼稚园内设开导室、训话室、游戏室、图书玩具室、游戏场、游戏亭、保姆助教室、看管小儿仆妇室、会计办公室、接应宾客室等,教具购置于日本。园内为幼童提供服装、图书、保育物品,唯不备饭食。本省小儿入园免收学费,外省小儿入园每月须纳银洋4元。幼稚园采取班组的形式开展保教活动,开办章程明确规定它是新教育体系的初阶,办园内容是重养不重学,以培养小儿自然智能,开导事理,涵养德性,"以备小学堂之基础"。

作为全国第一所近代幼稚园,湖北幼稚园的办园方式对全国幼儿教育产生了极大的影响。张之洞参与制定的《奏定学堂章程》(1904年1月颁布)有关蒙养教育即幼儿教育的规定,大大修正了光绪二十八年(1902)颁布的《钦定学堂章程》的内容。比照前者与《湖北幼稚园开办章程》可以看出,《奏定学堂章程》在许多方面参鉴了湖北幼稚园的办园章程。如

《钦定学堂章程》中的《钦定蒙养学堂章程》规定蒙学堂学习课目为修身、字课、读经、史学、舆地、算学、体操等8门，明显不符合幼儿教育的实际，程度太深。而《奏定蒙养院章程》则认为蒙养院保育之法，应"与初等小学之授以学科者迥然有别"，规定保育科目分为游戏、歌谣、谈话、手技4门，与湖北幼稚园所设保育科目近似。

(2) 兴办小学堂

张之洞认为"初等小学为养正始基"，从光绪二十九年（1903）起开始在武昌城内分东南西北四区，设初等小学43所，城外设17所，经费由学务公所支出。另外，还大力鼓励民间自办小学教育。

初等小学堂学习年限为5年，学生毕业后可不经考试，一律升入高等小学堂。开设课程有修身、读经讲经、中国文字、算术、历史、地理、格致、体操8门。每周授30小时，其中读经讲经占12小时，中国文字4小时，算术6小时，历史、地理、格致各1小时，修身2小时，体操3小时。

张之洞于1903年筹建两湖总师范时，还在该学堂后操场扩充房舍，建立两湖师范附属高、初两等小学堂，作为两湖师范学生实习之所，面向两湖招收学生近500名，这是武汉开设完全小学之始。

(3) 兴办普通中学堂

按照张之洞设置的湖北新学制体系，初等教育之上为中等教育，张之洞又称其为"普通学"。他指出："小学之上普通学为最要，小学所以教为民之道，普通学所以教为士为兵之道。如日本教育家苦口详言，皆以普通学为文武百事之基，普通学若稍有网略含糊，则以后各种学术皆事倍而功半。"由此可见，张之洞是比较重视中等教育的。光绪二十九年

（1903），张之洞在原自强学堂的基础上，创办文普通中学堂（位于武昌铜元局街），招收15—24岁年龄段学生共240人。开设的科目有伦理（即修身）、温经、中文、外国语文、历史、地理、数学、博物、理化、法制、图画、体操共12门。到1909年，该校有教职员31人，学生297人，分7个班教学，共毕业121人。毕业生中的著名人物有宋教仁、董必武、石瑛、黄侃等。

清末武汉三镇新式中学堂尚有汉黄德道中学堂、武昌府中学堂（由勺庭书院改建）、汉阳府中学堂（由晴川书院改建）、汉阳阳夏农工中学等官立中学堂及湖南中学堂、四川旅鄂中学堂、荆州府公立预备中学堂、汉阳府公立预备学堂、日新预备中学堂等公立、私立中学堂。其中的湖南中学堂建于光绪二十九年（1903），"乡人余肇康等官鄂时，就湖南会馆改设湖南中学堂，并附设小学，以培养三湘子弟"。

（4）创办高等学堂

张之洞在武汉创办的新式高等学堂称两湖高等学堂（又称文高等学堂或两湖大学堂），所习科目凡8门，分2类。一类为中西公共之学，共4门：经学（道德学、文学附内）、中外史学（附国朝掌故学）、中外地理（附测绘学）、算学（附天文学），延聘中国教习教之；一类为西学，共4门：理化学、法律学、财政学、兵事学，延聘东西各国教习教之。

两湖大学堂定学额120名，开办之初学生由两湖、经心、江汉三书院优等生中选充，先补习普通学1年，再习专门学3年，每天学习8小时。堂课4年后，即派往东西洋各国游历1年，共5年毕业。可以看出，张之洞十分重视高等学堂学生的留学深造，出洋游历成为高等学堂办学中一个不可或缺的环节。

不同于近代西方高等学校课程和专业设置日益向专、精、深发展的方向，张之洞追求广和全，这说明张之洞对于西方近代教育体系缺乏深入研究。当然也受生员的质量影响，当时国内大学堂学生多为传统书院生员转化而来，不可能很快精研近代自然科学和社会科学，只能从基础科学学起。限于各类学校开办过程中普遍面临的师资短缺，1904年，两湖大学堂开办一年之后，张之洞即改两湖大学堂为两湖总师范学堂，以培养中小学师资，为基础教育发展打基础。

(5) 创办师范学堂

在筹定湖北学堂规模次第兴办的计划中，张之洞就把师范教育的发展置于最优先的地位。随着各类新式学堂的开办，师资问题日益突出。张之洞认为"各国中小学教员咸取材于师范学堂，故认师范学堂为教师造端之地，关系至重"。他陆续开办了一批师范学堂。

在张之洞的大力提倡和具体规划下，清末武汉初步建立了纵有初级师范、优等师范两个层次，横有普通师范、职业师范、女子师范和幼儿师范等几种类型的自成系统的师范教育体系，不仅数量多，而且办学质量比较高。宣统二年（1910），学部奏陈各省学务情形时指出，"师范学堂省会所在均已设优级选科，繁盛府治也开设初级，惟湖北之两湖师范、江宁之两江师范规模宏远，成就较多"。

各类师范学堂中，两湖总师范学堂是张之洞在湖北地区师范教育的重中之重，为清末湖南、湖北两省规模最大的师范学堂。两湖总师范学堂学习课程以经学、教育学为重点，每周各占6节课；一般课程有修身、中国文学、史学、算学、地理、物理、化学、博物、英语、京话普通话、音乐、图画、簿记、手工、体操等。理化专业学生重点学习物理、化学、代数、几何、三角、图画等课程；博物专业主要开设植物、动物、生物、物理、化学、矿物、代数等课程，初级师范招收高等小学堂毕业生，优级师范招收初级师范毕业生或中学堂毕业生；学生年龄须在18—25岁之间。普通科5年毕业，理化、博物等专科3年毕业。除普通师范教育外，清末武汉还设有职业师范教育。宣统元年（1909），相继设立了商业教员讲习所、农业教员讲习所、工业教员讲习所。

二、兴办实业学堂

甲午战争以后，张之洞的教育思想发生了很大变化，不再认为教育的功能只是培养读书人成为名臣名儒，而要为整个国家和民族的自强自立服务。他说，西方各国，士、农、工、商，各行各业，事事设学，处处设学，而中国唯士有学，农、工、商各业均无专门之学，这种状况必须改变。

由张之洞主持制定的《癸卯学制·实业学堂通则》规定："各项实业学堂均分为三等：曰高等实业学堂，曰中等实业学堂，曰初等实业学堂。"该学制对三种不同类型的实业学堂的培养目标、课程设置、师资培养等都作出了翔实的规定。作为该学制主要设计师的张之洞在建构湖北地区实业教育体系时自然会不遗余力加以奉行。

三种实业学堂中，最早出现的是高等实业学堂。创办于光绪二十四年（1898）的湖北农务学堂（后更名为高等农业学堂）和湖北工艺学堂（后更名为湖北工业学堂）于20世纪初逐渐向高等实业学堂方向演进。

高等农业学堂分普通科和专科。普通科3年毕业升入专科,专科又分农科、林科,农科4年毕业,林科3年毕业。张之洞曾亲自参加学堂的开学典礼。张之洞在训词中勉励师生"手脑并用,知行合一",办好学堂。贺客来宾致辞则赞扬学堂是"开一时的风气",希望"声誉遍全国"。张之洞还亲自为学堂写了一副对联刊制学堂大门口:"凡民俊秀皆入学,天下大利必归农。"

如同办普通教育应循序渐进一样,张之洞在办实业教育的实践中认识到实业教育也应从初等入手,"振兴实业为富民强国之基,而农、工、商三门均先从初等实业入手方免躐等之弊,用费无多,收效甚易,开中材之智识,拓浅近之利源,循序渐进,自然实效蒸蒸,不可限量"。在他的倡导和大力支持下,武汉地区初等实业教育获得了迅速发展。

除农工商实业学堂外,清末武汉还开办有钢铁、铁路、矿业等实业学堂。最有名的是汉阳铁厂开办的化算学堂、炼铁学堂、炼钢学堂、机器学堂,培养钢铁技术人才,首次招收12—14岁的学生30名。其中,汉阳钢铁学堂是武汉地区第一个企业办的实业学堂,开风气之先。到1910年,武汉地区共有各级各类官立实业学堂14所,其中高等5所,中等6所,初等3所,共有教习183人(中初等学堂93人,高等学堂90人),学生2025人(中初等学堂922人,高等学堂1103人)。

清末武汉地区实业教育的发展是该地区产业和商业近代化的客观要求和推动所致,而实业教育的发展又培养了大批技术人才和初步掌握科学知识与技能的熟练劳动者,从而推动了产业和商业的进一步发展,形成经济发展和教育兴旺的良性循环。

在张之洞的提倡和推动下，湖北省城及各地由府县地方政府和民间开办的中小学堂以及各类实业专门学堂如雨后春笋，以武汉为中心的湖北教育通过由低等向高等、由普通向专业、由省城向州县的发展，形成了一个地域性的近代教育体系，其教育规模和质量在当时处于全国领先地位。

美国学者威廉·艾尔斯在《张之洞与中国教育改革》一书中，充分肯定了张之洞为中国教育改革做出的突出贡献："在张之洞的一生中，中国的教育形态发生了根本性变化。对此，他的努力具有决定性意义。"台湾学者苏云峰更是高度评价了张之洞对中国教育改革做出的贡献："湖北教育改革的成功，最主要的因素是由于张之洞的领导。而张之洞对教育改革的贡献，并不限于湖北一地，而是具有全国性意义。正是由于张之洞的贡献，而使中国教育开始走向近代化道路。"

三、发展留学教育

中国学生出洋游学，始于19世纪70年代。近代中国最早的留学生是广东人容闳，他幼年随澳门一所教会学校校长到了美国，后来毕业于耶鲁大学，并且加入了美国国籍。同治十一年至光绪元年（1872—1875），清政府采纳这位美籍华人的建议，决定每年选派120名天资聪颖的10—16岁学生，分四批赴美国留学。

张之洞首次向外洋派遣留学生是光绪二十二年（1896）二月，此后，张之洞开始大力倡导和推行留学教育，多次向西洋和日本派遣留学生。当时，由于长期闭关自守的政策，许多中国人对出洋留学怀有恐惧心理。张之洞使出浑身解数予以劝说，还将自己的后辈送往日本留学。这些举动果然奏效,风气渐开。张之洞为进一步倡导留学,每逢学生出洋,张之洞必亲自送行;每逢学生回国,必设宴为之接风。如此一来,出国留洋便在短时间内被国人接受了。除选派留学生出国,张之洞还大力提倡政府派官员出洋考察。他认为"一可以增长官员的见识,二可以借机监视留学生"。对于留学生,张之洞最担心的就是怕他们受革命等"邪说"的影响,做出对大清不利的事情。据光绪三十二年(1906)年初的统计,当时日本的中国留学生总共约8000人,其中湖北的就有1000多人。这自然与张之洞的大力倡导和积极派遣密不可分。

光绪二十二年(1896)一月,张之洞奏陈《选派学生出洋肄业折》,他奏请仿照曾国藩派学生赴美肄业及福州船政局屡派学生赴英、法肄业的成例,"选派已通西文之学生出洋肄业,直接进入国外中学、大学学习","学成归国,除拔擢任用外,悉令充学堂教习,转相授受,二十年后,人才必大可观"。派已通西文的学生40名出洋学习,以6年为期。不久,就由候补知府沈翎清带领40名学生赴英、德、法三国肄业,并由出使德国的公使庆常就便监督。

光绪二十四年(1898)三月,张之洞撰写著名的《劝学篇》,集中阐述了他的政治主张、文化思想,是洋务派"中体西用"认识发展的最高峰。其中《游学篇》集中论述了他的留学教育主张,体现了他在留学教育思想上的开拓性,他在《游学篇》中开宗明义,论述了留学的必要性,"出洋一年,胜于读西书五年;入外国学堂一年,胜于中国学堂三年"。另外,他还以出洋游学为加速培养合格新式教员的捷径:

  学堂固宜速设矣,然而非多设不足以济用,须多设,则有二难：经费钜一也，教习求师之难，尤甚于筹费。天下州县，皆立学堂，数必逾万，无论大学小学，断无许多之师，是则惟须外国游学之一法。

在派往国家的选择上，张之洞认为，"至游学之国，西洋不如东洋"，由西方国家转向新兴的日本。他认为主要有以下原因：一是日本距我国近，可以节省费用；二是易于派人对留学生进行考察；三是日文与中文相近，易于学习掌握；四是西洋书籍太多太繁，日本人已对西学作了选择介绍，便于学习；五是日本与中国的情势风俗相近，易于模仿，可以达到事半功倍的效果。他还以日本派出伊藤博文等赴法、德、英学习，终于变法强国，崛起于东方为例，说明留学的重要性。

光绪二十四年（1898）十一月十三日，张之洞在武备学堂、两湖书院等学堂遴选20名学生留学日本，年龄最小的18岁，最大的25岁，并划拨较多经费作为留学专款。首批赴日留学的万廷献第四子万群在《回忆先父万廷献在辛亥革命前后》一文中记载："当时，武备学堂的学生多视日本为仇敌，不愿赴日深造。二十名学生集体去见张之洞，面陈不愿赴日的理由，说：'文官怕战，武官怕死，才把台湾送掉。日本是我国死敌，我们不去日本。'"张之洞听后，先是勃然大怒，厉声指斥，说是"不去不行"。后又冷静下来说："你们不是学过《孙子兵法》吗？知己知彼才能百战不殆，去了就是为了知彼，就是为了战胜他们。"学子们受到启发，方才离国东渡日本。

光绪二十九年（1903），又选派自强学堂东文学生5名、枪炮厂工匠9名，工程学弁勇6名，共20人，赴日本学习枪炮制造。赴日官费生每人每年

400—500日元，赴美留学生每人每年960美元。在湖北的带动下，南、北洋和浙江等省也先后向日本派出留学生。由于风气渐开，留学人数呈逐年上升趋势。

光绪二十七年五月二十七日，张之洞就中国的人才培养问题奏陈朝廷，提出广设文武学堂、变革科举制度和奖励游学的建议。在奖励游学一条中，他建议鼓励个人筹集经费出洋留学，并对无论是公派还是自费出国留学的人员，学成归国后，经过复试，同样按照等第授予进士、举贡出身，优奖录用。这些建议得到朝廷的采纳，定为政策，因而极大地调动了各方面的积极性。光绪二十九年（1903），中国留日学生接近1000人，到光绪三十二年（1906），在日本的中国留学生在8000人左右，其中官费生约2800人，其余大多数均为自费生。以后逐年减少，呈下降趋势。在历年派往日本的中国留学生中，由湖北或张之洞派出的留学生是最多的。

据光绪三十三年（1907）的统计，留日学生中湖北所派学生就有1360余名，占了四分之一，所以湖北在当时有先进省之称。直到民国初年，湖北留学经费投入仍较高。1916年，湖北留学专款达133172元，居全国第五位。

受张之洞学习"西洋"不如学习"东洋"方便的思想影响，晚清武汉留学热主要体现在"留日热"上。在清末的留学生中，湖北籍留学生即有数千人，这得力于张之洞的提倡和鼓励，后来的革命党人黄兴、宋教仁、吴禄贞等人都是出自两湖的留学生。张之洞还十分重视选派各州县职官游历海外，这些出洋游历职官返鄂后大多成为清末湖北新政的推行者，对武汉地区的教育、文化、思想乃至社会风俗都产生了巨大影响。

张之洞在兴办留学教育的活动中有着明显的阶级局限性，他希望更多的留学生出国学习，掌握西学西艺，又担心留学生受西方资产阶级革命思想的影响，对清王朝统治不利。他对留学生的教育管理，采取了软硬兼施的办法，"循理守法者，给以官职奖励"，"妄发议论者，加以训戒制裁"，他希望能够培养既有西学知识，又忠于清王朝的洋务人才。这就使张之洞的留学教育涂上了浓厚的忠君色彩。

四、制定癸卯学制

湖北新政时期，张之洞在湖北力行新政，除了继续推动书院改制、资送留学生，还十分关注全国学制与选官制度的改革。这一时期，武汉教育近代化进入快速起步、系统发展阶段。短短几年间，武汉新式学堂发展到100余所，学生超过万人，还是清末派出留学生最多的地区之一。张之洞立足全国又深刻影响湖北教育发展的重大举措是主持制定全国第一个学制和废除科举制度，为新式教育的普及真正开辟了道路。

光绪二十七年（1901）十月，张之洞被赏加太子少保衔。

光绪二十八年（1902），管学大臣张百熙曾拟订《钦定学堂章程》即壬寅学制，这是我国教育史上正式颁布但未实行的第一个学制。张百熙经过半年多"谨上溯古制，参考列邦"的反复修订，终于在1902年8月15日上奏所拟章程，贯彻了"端正趋向，造就通才，明体达用"的旨意，含有大学堂以及考选入学、高等学堂、中等学堂、小学堂、蒙学堂的6个章程等，共8章84节。这个章程首次较全面地反映了我国近代教育史上关于新式学堂的较完整的体系。

光绪二十九年（1903）六月，张百熙、荣庆以"学堂为当今第一要务，张之洞为当今第一通晓学务之人"为由，奏请派张之洞会同商办学务，上谕照准。七月，清政府命张百熙、荣庆、张之洞以日本学制为蓝本，重新拟订学堂章程。

光绪二十九年十一月廿六日（1904年1月13日），清政府公布了由张之洞、荣庆、张百熙主持重新拟定的一系列学制系统文件，包括《学务纲要》《各学堂管理通则》《蒙养院章程及家庭教育法章程》《初等小学堂章程》《高等小学堂章程》等，统称《奏定学堂章程》。这是中国近代第一个以法令形式公布的在全国范围推行的学制，较壬寅学制更为系统详备。由于当年旧历为癸卯年，因此称癸卯学制。

该学制规定学堂的立学宗旨是"以忠孝为本，以中国经史文学为基，俾学生心术一归于纯正，而后以西学瀹其知识，练其艺能，务期他日成才，各适实用"。学堂还规定了各级各类学堂的性质任务、入学条件、修业年限等。

光绪三十一年（1905）九月，张之洞奏请停止科举，以兴学校。清廷诏准，自翌年始，所有乡试、会试及各省岁考一律停止，一切士子皆由学堂出身，结束了一千多年的科举制度。废科举、兴学校是中国近代教育史上的一件大事，张之洞在这方面的提倡和努力，在客观上是有利于资产阶级新文化的传播的。

张之洞拟订癸卯学制的指导思想是"中学为体，西学为用"，较大程度上借鉴了日本教育体制的思想。在课程设置方面，特别注重读经，具有浓厚的封建性。中小学均把修身列为课程之首，并特设读经讲经课。但各

手不释卷的张之洞

类学堂的培养目标和人才规格有所分化，突破了传统教育培养官僚精英的单一目标。《奏定学堂章程》对蒙养院的规定，是中国幼儿教育制度正式建立之始。小学堂、中学堂均分官立、公立、私立三种，在教学内容上也打破了儒家经典一统天下的局面。癸卯学制的缺陷在于：一是没有女子教育的地位，不准设立女子学堂；二是学制年限较长。但它毕竟是中国废除科举制度后第一个正式颁布施行的新式学制，意义非同一般。癸卯学制自光绪三十年（1904）开始逐步实行，1911年辛亥革命后废止，它对近代中国的学校制度影响很大，以后的学校制度实际上是由这个学制演变而来的。

张之洞督鄂近二十年，农业、商业、交通、教育等诸方面都取得了空前的成果，他的许多举措都是从一片荒芜的原野中寻找出路，以"布衣兴国，蓝缕开疆"的气魄，进行着他的改革，为千年封闭的帝国打开了一扇崭新的窗户。张之洞凭栏而望，俯瞰湖广，心潮起伏，赋诗一首以言志：

不辞霜鬓与灰心，庙略坚强挽陆沉。
雄峻直辖通日月，困穷筚路启山林。
醯鸡久笑江神劣，精卫安知海水深？
方悟离乡庄舄老，劳歌已作楚人吟。

督鄂近二十年，如他自己所言："私利不可讲，而公利却不可不讲。"这是张之洞做人的标准，也是在为他的子女们树立榜样。廉洁是公正的基础，工作中秉公办事，才能按照公平、公正的原则，把公利与私利统一起来，在遇到矛盾的时候，要以集体和国家利益为先，做到先公后私，不徇私情，秉公论断。

在明确公私之分、公而忘私方面，张之洞严以律己，秉公办事，自觉抵制不正之风，终生不渝。这在贪赃枉法、贿赂风行的晚清政坛中，显得难能可贵。

张之洞的督鄂图强为武汉成为中国近代以来相当重要的工业基地打下了坚实的基础。督鄂时期，他主导的洋务事业迅速发展，力图建构完善的近代民族工业体系。张之洞在武汉的这些累累硕果也被子孙看在眼里，就拿后来当了汉奸的张仁蠡来说，他在担任伪武汉特别市市长时，对父亲张之洞所修建的张公堤的维护从未间断，不仅如此，他还另行修建堤垸，被人们称作小张公堤，此外还拓宽修整了不少道路，对近代武汉的市政建设颇有贡献。

第八章

忠心报国，署理两江入中枢

在总督湖广的近二十年间，张之洞于光绪二十年（1894）十月至光绪二十二年（1896）正月、光绪二十八年（1902）十月至十一月两度署理两江总督。虽然时间不长，但留下了令人赞许的政绩和口碑。

第一节　甲午主战

光绪二十年（1894）春，朝鲜南部爆发大规模的东学党农民起义。朝鲜政府请求清政府派兵平乱。日本内阁认为这是发动侵略战争的绝好时机，同时出兵朝鲜，抢占战略要地。叛乱平定之后，日本不但拒绝同时撤兵，反而继续增派兵力，不断对驻朝清军进行挑衅，蓄意发动以独占朝鲜、侵略中国为目的的战争，实现其"大陆政策"的第一步侵略计划。

日本国力的迅速发展和在朝鲜问题上暴露的侵略野心使张之洞感到震惊，他断言："日本与中国将失和。"他虽然希望通过英美的调停能使战争得以避免，但反对一味避战求和，主张同时应当做好应敌的准备，以备战求避战。因此，他建议朝廷利用战前的有限时间，加紧从国外购买武器和兵船，以备不测。

光绪二十年（1894）六月二十三日，日本海军在朝鲜丰岛海面突袭中国海军；三天后，日本陆军向驻扎朝鲜成欢驿的中国军队发动进攻。八月十七日，中国军队大败于平壤，残部陆续退回中国国境。次日，中国海军北洋舰队败于黄海大东沟海域。九月，日陆军一部越过鸭绿江，一部于辽东半岛花园口登陆，连陷安东、凤凰，日海军舰队游弋于黄海，窥视旅顺、威海卫，战火延烧至中国境内，京师震动。十月二日，清政府临阵换马，召湘军宿将、两江总督刘坤一进京，令其率湘军北上对日作战，调张之洞署理两江总督兼南洋通商大臣、江宁将军。本来，两江总督离任或出缺，一般是由就近的江苏巡抚署理，但朝廷却一再想到遥远的湖广总督张之洞。这些表明张之洞在执政者心目中的地位之高，他已成为仅次于李鸿章和刘坤一的第三号地方实力派人物。十一月十三日，张之洞抵达南京，正式接任两江总督。

张之洞在赴任署理两江总督前，就将两湖驻军21个营调往北方前线，包括湖北提督吴凤柱马队3个营、吴元恺炮队4个营，湖南巡抚吴大澂4个营和余虎恩5个营，共计1万余人，北上参战。到任之后，他又调防区的陈凤楼、李占椿、万本华、张国林等部20余营北上增援。张之洞还认识到"倭械甚精，非快枪快炮不能制胜"，而北上诸军不但少有快枪快炮，有的甚至在毫无装备的情况下匆匆开赴前线。所有北上增援部队的武器装备和粮饷补给，张之洞都设法筹措。当时的湖北枪炮厂刚刚建成投产，能够制造快枪快炮，但缓不救急，只有从国外购买。为此，张之洞通过驻外公使和上海的外国洋行，及时购运回大批军火，仅在署理两江的当年，就购买了各种新式快枪9000余支，子弹700万发，快炮30余尊，炮弹14000余发。筹饷比筹械更难，张之洞三管齐下，向盐商劝捐，得银100万两；向广东、湖北、江苏、江西等省殷商息借商款230余万两；又奏准向德商瑞记银行息借100万英镑，约合银660余万两。这些钱，主要用于采购武器弹药。

光绪二十一年（1895）二月，张之洞决定建立独立的战时转运系统，不再交由淮军转运局代运，因其"兼顾为难，不免有顾此失彼之虑"。他于南京设转运总局，于镇江、扬州等十三地设转运分局。转运全程达4000余里，用大小轮船十八九艘，雇养长车3000余辆。这一"呼应灵便，端绪分明"的战时转运系统的建立，改变了前期"饷项军械件数繁重，节节艰滞"的局面，保障了前线将士后勤补给的及时与畅达。张之洞只能尽其所能保障战争的后勤，却不能保障战争的胜利。

光绪二十年（1894）十月，日本海陆军联合攻陷大连、旅顺，清政府料想日本从此可以控制整个辽东乃至东三省，应当会停止进攻，于是托请驻华公使田贝牵线搭桥，派了两名副部级官员张荫桓（户部侍郎）和邵友濂（署理湖南巡抚）到日本乞和。日本政府却借口二人"全权不足"，拒绝谈判，一面继续增兵，准备攻打下一个战略目标威海。

光绪二十一年（1895）一月下旬，日军陷威海、刘公岛，北洋海军覆没。日本自恃已取得绝对有利的谈判地位和时机，才托田贝传话给中国政府，可以谈和，但"非有让地之权者，不必派来"，指名李鸿章为中方全权代表。三月二十三日，李鸿章以"大清帝国钦差头等全权大臣"的身份，代表清政府在日本马关签订《马关条约》。消息传回，朝野震惊，拒约呼声响彻全国。张之洞多次致电总理衙门，逐条剖析了《马关条约》的严重危害，在电奏中，张之洞怒斥李鸿章"敢于犯天下之大不韪"，同时也对慈禧太后的妥协态度表示了强烈的不满。

张之洞抱着"能争回一分（利权）"的决心，虎口夺食，尽量挽回一些国家主权。他在条约签订的当天便致电驻俄公使许景澄、正在出使法国的钦差大臣王之春，希望利用列强之间的矛盾，阻止日本割占辽东半岛和台湾。正是迫于俄、法、德等国的压力，日本政府表示愿意放弃割占辽东半岛，后商定由清政府付给日本3000万两"赎辽费"。辽东半岛暂时免于沦亡，张之洞应有一份功劳。

《马关条约》对领土主权的最大损害，莫过于割让台湾一省。这一切保台努力失败以后，张之洞只能寄希望于台湾军民的英勇抵抗，以阻止日本强占，他一再授意唐景崧电奏朝廷，告诫台湾民众千万不能接受日本统治，否则必致大乱。张之洞利用日本接收台湾尚未到期的有限时间，加紧向台湾输送饷械，为抵制日本割占台湾做好准备，他相信，台湾"军民合力战守，足可取胜，各国见台能自立，当有转机"。

光绪二十一年（1895）五月初，日军近卫师团登陆台湾。五月十日，清廷代表李经方与日本委任的台湾总督桦山资纪于台湾基隆口外日舰上，签订台湾交接文件，台湾自此沦亡于日本，然而台湾军民仍坚持武装反抗日本的占领。台湾军民在黑旗军统帅刘永福、徐骧等人的统领下，先后在新竹、彰化、云林、嘉义等地，与日军展开激烈的争夺战，但孤立无援的台湾军民终究无力改变台湾沦丧的命运。九月四日，最后一个抗日据点台南陷落，刘永福乘英船退回厦门，台湾人民反对日本占领的斗争告一段落。

第二节 东南互保

随着列强侵华活动的不断升级，外国传教士在中国各地胡作非为，教民们也仗势特权为非作歹，这激起了广大群众的强烈反抗，爆发了轰轰烈烈的义和团运动。义和团本名义和拳，原是起于山东的烧香拜佛、操练拳棒的反清秘密组织。为反对外国侵略，义和拳举起"扶清灭洋"的旗帜，改称义和团，并得到某些地方官吏的支持，声势浩大。义和团逐渐向北发展，活动于直隶各地，并吸收了不少其他民间组织，声势更加壮大，向京津地区渗透。

光绪二十六年（1900）春夏之交，义和团容不得有人用洋货，即使抽纸烟、戴眼镜，只要被发现，马上可能被处以极刑，他们还动用私刑屠杀了大量传教士，纵火焚烧了教堂和教徒房屋，挑断电线，拆毁铁路等，这些过激行径引起列强的强烈不满。

张之洞作为洋务大员，对义和团自始至终深恶痛绝，认为义和团"实系会匪，断非良民"，主张采取坚决镇压的措施。他先后镇压了湖北天门、荆州等地的义和团，还会同沿江各省奏请力剿"邪匪"，严禁暴军，安慰使馆，致电各国道歉。张之洞还不断给军机大臣荣禄致电，要求他不遗余力地镇压义和团。

此时，清廷内部出现两派意见。一派主张严厉围剿义和团；另一派主张利用义和团，打击列强势力。一开始慈禧对义和团并无好感，她曾派清军严厉镇压。但义和团呈燎原之势，渐成气候，一时之间难以剿灭，同时义和团打着"扶清灭洋"的口号，这让慈禧感觉到此力量可以利用，她希望借助义和团将列强赶走。在以载漪为首的安抚派的极力怂恿下，慈禧安抚义和团以战列强的心思越来越强烈，大批的义和团拳民涌入京城。

长江两岸是英国商人的巨大"市场"，北方义和团的举动引起了英国商人的极大恐慌，他们认为北方义和团的队伍如果向南开进，将严重危及英国在南方地区的商业活动。于是英国政府决定向长江派遣军舰，以保护英国在长江流域的"特殊利益"。在清政府尚未向各国宣战时，两江总督刘坤一、湖广总督张之洞、两广总督李鸿章、邮政大臣盛宣怀、山东巡抚袁世凯、闽浙总督许应骙等开始商议如何保证东南各省的稳定，避免列强有借口入侵；同时密议盘算倘若北京失守而两宫不测，当由李鸿章作总统支撑局面。

六月十七日上午，英国驻汉口代理总领事法雷斯奉英国外交大臣的指令去见湖广总督张之洞。法雷斯说："如果长江流域发生动乱，英国政府可以提供切实的军事援助。"法雷斯的话令张之洞立即警惕起来，他回应道：如果需要援助的时候，会和英国领事进行协商，但是这里不会发生什么严重的事情。张之洞随后立即给两江总督刘坤一发了电报,在两人的观点达成一致后,他们联名致电驻英国大使,请他转告英国政府:中国自己有足够的力量维护长江流域的安全。大理寺卿、电报局督办盛宣怀由于职务关系,最先看到了清廷指示南方各省大员"召集义民"的命令。盛宣怀把朝廷的电报扣押下来,然后立即给李鸿章发了电报。李鸿章立即把这封电报转给了刘坤一、张之洞。

光绪二十六年(1900)六月二十一日,清政府以光绪帝的名义发布了招团御辱和对外宣战的上谕,称"与其苟且图存,贻羞万古,孰若大张挞伐,一决雌雄",正式向英、美、法、德、意、日、俄、西、比、荷、奥十一国同时宣战。命令传到武昌,张之洞举棋不定,苦思对策。一方面他明知朝廷此举必遭重挫,将招来更为糟糕的结果;另一方面,他作为清朝官吏,又不能不听从朝廷的旨意。就在南方的大员们猜测清廷的宣战诏书是否有效和自己应该采取的应对措施的时候,朝廷要求各省立即派遣兵力"北上勤王"的圣旨到了。南方的官员们正为难的时候,两广总督李鸿章独自一人给朝廷发去了一封电报:"此乱命也,粤不奉诏。"南方的官员们获悉李鸿章的电文后信心大增,决心将南方各省联合在一起,抗旨到底,他们确定了共同抗旨以求东南互保的原则。

光绪二十六年六月二十六日,由刘坤一、张之洞、盛宣怀等人牵头,江苏、江西、安徽、湖南、湖北各省巡抚均派代表参加,由上海道余联沅代表在上海与各国驻沪领事议定《东南互保约款》及《保护上海城厢内外章程》,史称"东南互保"。后来参与东南互保的清朝地方官员不断增多,实际加入东南互保的有十余个省份。所谓"互保",简单地说便是:

南方官员绝不支持义和团杀洋人的举动，不承认清政府对各国《宣战诏书》的合法性，并且会采取各种措施保护洋人在华的安全和利益；洋人不得在南方采取包括军事攻击在内的任何过激行为，必须遵守中方的法律和道德礼仪，和中方以和平状态进行正常的商品贸易。按照条款规定，中外双方在东南地区保持和谐的局面，互不侵犯，共同承担责任，维持这一地区相对稳定的局面。各国对此条约颇为赞赏，美国驻上海领事在给美国国务院的报告中，称赞该协议使得外国人的权利得到了有效保护，维持了东南地区和平。

张之洞等人此次之所以敢忤逆慈禧太后旨意行事，是因为他们摸清"宣战"不过是一时冲动，"欲全东南以保宗社"。张之洞等人深恐慈禧不满，因此在"东南互保"签订的同一天，张之洞、刘坤一联名电奏慈禧，表明苦心所在。"宣战"不过三天，慈禧即称赞张之洞等人的主张是"老成谋国之道"。在批复关于"东南互保"的奏折时，称朝廷意见与此相同。

此后，东南地区继续保持着现存秩序，而在京津一带，义和团、清军与八国联军展开了激烈的战争。八国联军节节胜利，强行攻占大沽炮台后，又占领天津，纠集两万兵力向北京进发。清政府调集勤王军阻截，但抵抗不住联军的凶猛攻势。光绪二十六年八月四日，八国联军侵犯至北京城。慈禧太后挟持光绪帝仓皇出逃到太原，然后继续向西直到西安，一路狼狈不堪。慈禧在路上急忙发布"剿匪"上谕，命令清军掉转枪口，对准义和团，又以光绪帝的名义发布"罪己诏"，同时亟令李鸿章为全权议和大臣，北上乞和。早在北京未破之时，慈禧已有西逃打算。当时李鸿章以为如此则联军入京后没有议和对象，所以联合各省督抚上奏力阻西逃。而唯独张之洞和他的姐夫江苏巡抚鹿传霖赞成慈禧西行。此举深得慈禧欢心，鹿传霖因此被擢升为两广总督，入值军机，晋为尚书大学士。而张之洞的地位更加牢固，权势渐渐达到巅峰。

光绪二十六年（1900）八月二十五日，李鸿章奏请添派奕劻、荣禄、刘坤一、张之洞为议和全权大臣。李鸿章在与列强谈判时处处让步，委曲求全。张之洞对其某些过分的退让深为不满，上奏反驳。光绪二十七年（1901），由奕劻、李鸿章代表清政府与十一国公使在北京正式签订《辛丑条约》。这是一份更为苛刻的不平等条约，而慈禧太后却因为列强答应保全她的统治地位而卑躬屈膝地说："量中华之物力，结与国之欢心。"

东南互保，使相当一部分地区免于义和团之乱及八国联军的影响，但同时也表明清政府衰落至极，而各省因为保护利益需要自卫武力，因此各省及各实力人物由此开始军阀化。

第三节 入参军机

由于张之洞、袁世凯等疆吏在地方形成很大的势力，清廷深怀疑惧，恐其尾大不掉，与朝廷分庭抗礼，而这种现实危险在"东南互保"时已现端倪，清廷将张之洞等人调入军机处，以"明升暗降"的伎俩将其从湖广调离。张之洞深悉此中内情，但因芦汉铁路等事宜尚需张之洞在湖广任内处理，朝廷只好暂时维持现状。

光绪三十三年（1907），清末"新政"进入"预备立宪"阶段，朝中办事大臣匮乏。满蒙权贵庆亲王奕劻等营私有术，治国无方。当时朝廷中枢的汉族重臣李鸿章于光绪二十七年（1901）十一月去世，王文韶、瞿鸿禨等继任者的能力和影响都远不及李鸿章，清廷需要物色新的汉族官僚代替，而举朝内外，从实力与威望言之，只有张之洞、袁世凯堪负此任，这样便促成了将张之洞、袁世凯二人同时调入朝廷中枢。

光绪三十三年六月二十九日，协办大学士、军机大臣瞿鸿禨因"丁未政潮"与庆亲王奕劻形同水火，奕劻向慈禧密奏瞿鸿禨企图要求"归政"光绪，这便触犯了慈禧的忌讳，于是策动言官弹劾瞿鸿禨，随即将瞿鸿禨解职，由张之洞补任协办大学士。71岁的张之洞被授予大学士，仍留湖广总督之职；七月，张之洞充任体仁阁大学士，"入阁拜相"；九月三日，张之洞补授军机大臣。从此，他从封疆大吏进为朝廷枢臣，"入阁拜相"加上"入参军机处"，可以说登上了清朝行政官职的顶峰。九月中旬，张之洞入京，兼管学部，开始以宰相身份跻身于晚清政坛，成为清末实行新政的主角。张之洞任封疆大吏20年后，终于"入阁拜相"，成为重要的中枢大员，这是他多年来孜孜以求的。随着李鸿章、刘坤一、荣禄等老臣先后去世，论资历与威望，已无与张之洞比肩者。

作为清朝最高领导层的核心成员，张之洞除了每天入值军机处，讨论和决策内政外交方面的重大事项外，还要分管学部事务。张之洞当时被誉为"通晓学务之第一人"，要他分管学部，固然是用其所长，但以军机大臣分管某部事务，似乎在清朝历史上少有这样的先例。他为此上了一道谢折，说学部为之统宗，人才之枢纽，职志陶铸群才，扶持世道，表示将随时会部诸臣，认真整顿，"以仰答高厚鸿慈于万一"。

九月十四日，张之洞蒙慈禧召见。在奏对中，张之洞对朝廷的"预备立宪"提出

张之洞接见外国客人

"应速行立宪",并强调:"出洋学生其中多可用之材,总宜破格录用。"张之洞认为,只要立宪,就不会有革命,孙文就不足为惧。慈禧表示自己并不反对立宪,又要派三位侍郎出洋考察。张之洞还通过种种渠道提出和推广"先开国会,后布宪法"的主张,其主要目的是抵制、制约袁世凯。1908年夏,当立宪派准备发动全国性国会请愿运动时,张之洞倡议应"开国会,顺舆情"。张之洞此时一系列主张的基本精神就是接纳世界通行的立宪价值,限制君权、限制政府权力。

光绪三十四年(1908)十月二十一日,光绪皇帝驾崩。第二天,慈禧太后去世。慈禧临终前,欲立年仅4岁的溥仪为帝,其父载沣主持国政。慈禧太后征询张之洞的意见,张之洞主张正名,即以溥仪兼祧同治、光绪二帝,以载沣为监国摄政王。事实上,在清末的乱世中,张之洞在担任军机大臣期间并没有太大的发挥空间。

初掌大权的载沣只有25岁,而且才能平平,摄政之初,载沣遵照慈禧太后的遗嘱,特别倚重张之洞。然而,载沣与其他一些满清亲贵集团,骨子里重满轻汉。载沣还对袁世凯倚仗慈禧培养自己的势力一直非常不满,此时准备将袁世凯治重罪。载沣拟就一道将袁世凯革职拿交法部治罪的谕旨,并征求张之洞的意见,张之洞虽与袁世凯一直有矛盾,但认为载沣刚刚掌权就诛杀大臣,可能会引起北洋军造反而导致国家动荡,因此坚决反对。最后,载沣接受了张之洞的意见,发布袁世凯"患足疾"着即开缺,回籍"养疴"的谕旨。

袁世凯开缺,张之洞又是"托孤大臣",载沣对张之洞倚重异常。然而好景不长,载沣权力稳固之后,就开始大权独揽,排挤张之洞。原本晚清政局的满汉矛盾就十分敏感，在载沣的独断专行下，矛盾更加激化。在一系列重大问题上，二者产生重大分歧，张之洞作为慈禧太后遗命的辅政大臣，忧心如焚，他和载沣多次面争，每次都是不欢而散，二人关系迅速恶化。

载沣越来越偏重任用满族亲贵，在清除袁世凯势力时乘机剥夺、削弱一些汉族官员的权力，同时任命自己24岁的弟弟载洵为筹办海军大臣、22岁的弟弟载涛管理军机处事务。张之洞认为他的这两个弟弟既无经验又无能力，不能担当如此重任，应当从有治兵经历的督抚大员中去选任。但他与载沣力争无效，以致"郁狂气发"。

陕甘总督升允上书反对朝廷立宪，奏陈立宪的利害，并以辞职来要挟朝廷。张之洞认为升允的言辞虽然不妥，但为人耿直正派，人才难得，应当挽留，因此张之洞并不同意让他辞职。而载沣却想趁机将亲信调到陕甘总督的位置上，竟如所请，将其开缺。

与此同时，有人参劾津浦铁道总办道员李顺德等在修建铁路过程中贪污，载沣当即决定将李顺德等人革职查办，并以吕海寰失于觉察而开去督办铁路大臣，并让一批满洲贵族去主持津浦铁路的修建。摄政王载沣就此征求张之洞的意见，张之洞再次阻止载沣，认为此举很有可能会引起大规模群体事件。而载沣还是不听张之洞的忠告，回复说他手里握有兵权，不怕百姓闹事。这样的态度令张之洞寒心不已，他哀叹清朝国运已尽，载沣的言行根本就是亡国之兆。张之洞"退而叹曰：不意闻此亡国之言，胁痛益剧，不入值者三日"。两年后，载沣悍然宣布大拂舆情民心的"铁路国有"，引发了各地的保路运动，张之洞不幸言中。

张之洞的病情恶化是在宣统元年（1909）五月下旬，他感到右胁作痛，并且日甚一日，医生说是"肝病将入胃，当急治"，但服药不但无效且病情转剧。尽管疼痛难忍，他还是坚持前往军机处。六月初四，张之洞一病不起。

第四节 驾鹤归西

自宣统元年（1909）六月初四告假后，张之洞便不再上朝，一再续假。他在病榻上，还代学部起草了筹建京师图书馆的奏稿，"规画完备"。八月十四日，张之洞自感不久于人世，嘱门人陈曾寿录笔遗折，口授大意。

宣统元年（1909）八月二十一日，晚清重臣张之洞的生命即将油尽灯枯。虽然病入膏肓，但他头脑非常清醒，还给朝廷上了份奏折，陈述自己数日来"肝胃痛楚益剧，饮食愈形减少，呕吐泄泻，诸病杂呈"。然后请求朝廷将他身上的诸多要职一概免去，以让他"暂释重负"，朝廷同意了张之洞的奏请。

得知消息的载沣亲临床榻探视，"谓中堂公忠体国，有名望，好好保养。公曰：公忠体国，所不敢当，廉正无私，不敢不勉"。张之洞是四朝老臣，临死之时还是念念不忘天下安危，试图让载沣明白国家已经危在旦夕,希望他能够及时醒悟,拿出行之有效的补救方针。可是载沣根本就没耐心听张之洞的"唠叨",甚至不等张之洞开口举荐人才,便扔下一句"张大人好好保重,我改日再来看你",匆匆而去。张之洞一声长叹,他意识到大清国的国运算是走到尽头了。老友陈宝琛进来,问监国说了些什么。"公无他言,惟叹曰:国运尽矣,盖冀一悟而未能也",张之洞对载沣的毫不觉悟深表失望。

张之洞于当天又上了一份遗折,他在折中表白"臣平生以不树党援、不植生产自励,他无所恋"。又说:"当此国步维艰,外患日棘,民穷财尽,百废待兴。……方今世道陵夷,人心放恣,奔竞贿赂,相习成风。尤愿我皇上登正直廉洁之士,凡贪婪好利者概从屏除。"前者张之洞说出了他在为臣做人上的"问心无愧",后者则道出了他对"国步维艰"和世风日下的官场风气的深切担忧。

当天夜里,张之洞就去世了。消息传到武汉后,各衙门、铁厂、兵工厂以及各学堂,都设了灵堂祭奠张之洞。

次日,朝廷发布讣告。朝中大臣在拟定张之洞讣告的草稿时,产生了争执,草稿中说张之洞"廉政无私",庆亲王奕劻无论如何也不相信张之洞能做到"廉政无私",坚决要求删去这四个字。奕劻的要求遭到了军机大臣鹿传霖的强烈反对。鹿传霖是张之洞的姐夫,他十分了解张之洞的为人。朝中大臣也都知道张之洞为官清廉,都站在了鹿传霖一边。最后,奕劻只能接受。

朝廷还赐给张之洞陀罗经被。陀罗经被是佛教密宗的圣品,用白缎做成,有朱砂或金漆印写成的藏文佛经。清代帝、后、妃等丧仪,都是拿陀罗经被覆盖遗体。此外，对于那些有特殊功勋的大臣，朝廷也会赐给陀罗经被，表示朝廷对他一生的肯定。

张之洞死后，家中"债累累不能偿，一家八十余口几无以为生"，就连他的丧葬费也拿不出，朝廷赏赐给张家3000两银子作为张之洞的丧葬费，其余缺漏大多数是由亲友和门生资助补全的。张之洞的弟子傅岳棻曾回忆张之洞身后的情形："张去世后，谥文襄，无遗产，家境不裕。他的门人僚属都知道这种情况，所以致送赙仪都比较厚重，总计亦不过银万余两而不足二万之数。张家所办丧事也就全赖这笔钱，治丧下来所剩无几。"

张之洞去世后第三天，朝廷发布谕诏："加恩予谥文襄，晋赐太保，照大学士例赐恤，入祀贤良祠。"张之洞是探花出身，赐以"文"合情合理。据说，朝廷曾考虑要赐给张之洞"文正"或"文忠"的谥号，这两个谥号是臣子死后能获得的最高荣誉，曾国藩被赐予"文正"，李鸿章被赐予"文忠"。但是，当张之洞的临终遗折上呈到朝廷时，遗折中对满洲贵族言语犀利的批评使得手握大权的皇族成员很是不满。根据清代的规定，只有那些有军功的人才能被赐予"襄"字。张之洞虽然是文臣，但是他参与中法战争，他举荐的冯子材又大胜法军，他还在南京组织自强军，在武汉编练湖北新军，这些新式军队都是当时中国最有战斗力的军队。晚清重臣当中，也只有左宗棠和张之洞两人被赐予"文襄"的谥号。

1910年初，张之洞的灵柩从北京送回家乡河北南皮，与他已经去世的几位夫人合葬。张之洞的墓地坐落在南皮县城西南双庙村北约500米处，坟墓封土约3米高，墓前立有四通大碑，此外还有两对石马、两对石羊和

重修后的南皮张之洞墓

高大的石人立在坟前。

综观张之洞的一生，他崇尚气节、志在圣贤，尊崇孔孟、自觉捍卫儒家道统，生活简朴、淡泊私利、不求声名、廉洁自律，而居官立朝忠君爱国，以天下为己任，国家多事则积极出谋划策，开展洋务，为国求富，鞠躬尽瘁，死而后已。

第九章

家风继世，仁厚忠孝报国恩

张之洞希望子女成为国家栋梁之才，更希望他们成为品行端正、为人楷模的贤良之士。他对子女教育的方式多种多样，有家风熏陶，有言教训导，更有躬身垂范，其内容博大精深，几乎涵盖了子女生活、成长的方方面面。

第一节 《劝学篇》济世，《续辈诗》传家

一、撰写《劝学篇》

戊戌时期，中国社会的思想派别大体可分三类：守旧派、洋务派与维新派。守旧派坚持"祖宗之法不可变"，认为"凡子孙欲革先人之法，则其祸乱必尤甚于未革之世"。洋务派坚持西方的"技""艺"可学，"器"可用，"道"不可变，是当时的主流思潮。维新派继承早期改良主义者的思想，在若干方面又有发展。一是提出"民权、平等"之说，用于挑战君主专制思想。中国社会长期认为"君权天授"，维新派则认为"君权民授"，可以公举，也可公废。二是批判纲常名教。儒学长期视"三纲五常"为天经地义，而维新派则指责其"惨祸烈毒"。三是提出"以西学为要图"。在维新派的推动下，近代中国出现了第一次思想解放潮流。

甲午战争战败后，维新思想日益高涨，迅速形成了全国性的浪潮。八

月，康有为在京组织政治团体强学会，创办《万国公报》。然而，由于后党的反对，康有为被迫离开京城，南下上海游说张之洞，欲在上海成立强学会。这一诉求得到了张之洞的许可，并捐助白银1500两作为经费，还派遣幕僚梁鼎芬协助，更以自己的名义在《申报》和《强学报》上刊发"强学会序"。

光绪二十二年到二十三年（1896—1897），维新派在上海创刊《时务报》，梁启超主笔，汪康年为经理。张之洞以总督的名义，要求湖北全省各州县购阅《时务报》，捐款千元，给予报纸经济上的支持。后来，《时务报》发表了关于中国应争取民权的文章，张之洞很不高兴。他授意屠仁守写了《辨辟韩书》，批判严复的《辟韩》一文，在《时务报》上发表。

陈宝箴任湖南巡抚后，湖南掀起了维新运动。他在湖南的新政包括办厂、改革教育等，得到张之洞的赞同。在张之洞的影响下，陈宝箴也命令全省各州县书院的学子阅读《时务报》。湖南成立南学会，创办《湘学报》《湘报》，张之洞利用政治力量，推销《湘学报》于湖北各州县。自第十册起，《湘学报》刊载了关于孔子改制和鼓吹民权思想的文章，张之洞对此大为不满。光绪二十四年（1898）闰三月，张之洞致电陈宝箴说《湘学报》议论悖谬，饬局停发。他还告诫陈宝箴说，这件事"关系学术人心，远近传播，将为乱阶，必宜救正"，并对湖南维新运动施加压力。

维新运动的持续高涨，也暴露出张之洞与康、梁的严重分歧。甲午战争前，洋务运动还停留在不太敏感的器物层面，新旧思想间的冲突尚不激烈。甲午战争中国惨败，战后蓬勃高涨的维新变法运动，打破了新旧思想各自发展的局面，转而成为激烈的冲突。此时的维新变法运动，对中国正统的儒家思想价值体系及其所依附的政治社会制度，提出了空前的挑战和冲击。康有为的《新学伪经考》《孔子改制考》和"七上皇帝书"，梁启超的《仁学》等，提出了激烈的反传统思想。特别是康、梁维新派用公羊学解释儒学，并与西方的进化论、民权平等学说等结合，以宣传君主立宪，直接打击了儒家的权威、封建纲常名教的文化道德秩序和君主专制的社会秩序。

张之洞以古文学家的身份，抨击康有为的今文经学，还特邀古文学大家章太炎"为书驳难"。张之洞与维新党人在最初只是学术之争，但随着变法的深入，尤其是康有为以今文经学的公羊学为思想，打着孔子改制的旗号而进行变法，通过兴民权的方式，推行君主立宪制，这触及了张之洞的底线，最终张之洞与康有为分道扬镳。《劝学篇》的问世标志着张之洞与维新派的彻底决裂。

光绪二十四年（1898）四月，在维新变法运动持续高涨之际，张之洞撰成《劝学篇》，全书4万余字，共24篇。书内分内外篇，内篇共9篇，所言"皆求仁之事"，主旨在"务本以正人心"，包括同心、教忠、明纲、知类、宗经、正权、循序、守约、去毒；外篇共15篇，包括益智、游学、设学、学制、广译、阅报、变法、变科举、农工商学、兵学、矿学、铁路、会通、非弭兵、非攻教，所言"皆求智求勇之事"，主旨在"务通以开风气"。张之洞自言其书主旨在"正人心，开风气"。所谓"正人心"，就是提倡"三纲五常"，维护君主专制制度，批判维新派的民权观。所谓"开风气"，就是学习西方修铁路、办商务、办矿务、办学堂等，并没有超出洋务运动的范围，仍然是"中学为体，西学为用"的思想。

光绪二十四年（1898）六月，翰林院侍讲黄绍箕被光绪皇帝召见时，向光绪皇帝进呈恩师张之洞所著的《劝学篇》。光绪帝详加批阅，认为"持论平正通达，于学术人心大有裨益"，盛赞此书。慈禧太后阅后，也极为赞赏。《劝学篇》得到了大力推广，被光绪帝谕令"由军机处颁发各省督抚学政各一部，俾得广为刊布"。朝廷先后两次下诏刊布此书，十日之内，三易版本，印销200万册，风行海内。

张之洞的《劝学篇》一经问世，便受到各阶层的追捧，虽也有质疑，但赞同之声显然高于质疑。主要是因为，《劝学篇》凸显的"中学为体，西学为用"有着很强的"市场空间"，不少维新派人士称许此书，他们虽对《劝学篇》的"内篇"有看法，但盛赞"外篇"开风气之功，代表了当时的主流思想趋势。而守旧派看到此书后也大表欢迎，称许张之洞在康、梁掀起维新思潮、朝野无人能驳的情况下，力挽狂澜，进行回击。

《劝学篇》传播开以后，张之洞所提倡的"中学为体，西学为用"深入人心，"举国以为至言"。此书还为张之洞博得国际声誉。

二、谱写《续辈诗》

张之洞平生以谨厚自励，训诫子孙以道德传家。他秉承家风，注重从齐家、报国、立业、修身四个方面教育子女，这在他写给儿子们的书信和《续辈诗》中有明显的体现。至今，张之洞后人和南皮张姓后裔仍以《续辈诗》作为起名依据，其家训也随着《续辈诗》及张之洞的家书、遗言在后人中广为流传，影响深远。

《续辈诗》云："仁厚遵家法，忠良报国恩。通津为世用，明道守如

张之洞的《续辈诗》

珍。"五言诗二十字代表二十世，今后子孙后辈依序排名。张之洞的儿辈都以"仁"字开头，孙辈都以"厚"字，依此类推。这首诗的意思是要仁爱宽厚待人，遵守家法家规；要做到忠厚善良，报效国家；要有开放的胸怀，敢于担当，学以致用，以所学济世；要知晓世事规律，像守护珍宝一样守护中华传统美德。这首诗以齐家、报国、立业、修身为落脚点，得到了张氏一族的一致认同。不仅作为张之洞及其兄弟后代取名的依据，也成为张氏子孙后代们为人处世的准则，更成为了南皮张家传世百年的家训。

"仁"，是儒家对理想文化人格的最高概括。在张之洞身上，体现了传统儒家"仁"学对其文化人格的陶冶。曾追随张之洞二十余年的幕僚辜鸿铭曾评价他为"儒臣"而非"大臣"，正是对张之洞"内圣"与"外王"统一的文化人格的精辟概括。在个人道德品行修养方面，张之洞堪称士人楷模。

张之洞尤为重视对子女忠君爱国的传统伦常教育。张之洞从小深受儒家伦理的熏陶,因此他对子女的德育的主要来源也是儒家的伦理道德,他自称"余当官为政,一以儒术施之"。张之洞把爱国与忠君等同起来,教育宗旨是"不忘君,不忘亲,不忘圣",并要求子女必须"恭敬遵守"。作为中国封建社会的一名儒臣,爱国是君子立身之本,对于已经处在风雨飘摇之中的清王朝,身为洋务派的他坚信匡扶社稷的理想。

张之洞是"忠君爱国"的典型人物,他奉行儒家伦理,他的忠诚不仅蕴藏于他的心中,也表现在行为上。他自年幼起便养成了"忠"的习惯,他忠于清朝皇帝,忠于哺育他成长的民族和国家,也忠于他自己的事业。在家庭教育中,张之洞认为道德教育的根本出发点和最终归宿就是"惟以激发忠爱,讲求富强,尊朝廷,卫社稷为第一义"。面对晚清内忧外患的局势,张之洞认为只有"学术造人才,人才维国势",所以,他训导子弟要洞悉时事,认清自己肩负的责任,发奋读书,报效国家。为了国家和民族的利益,他教导子女"精金能屈伸,百炼仍无伤",不要随波逐流,"国与天地立,众醉须独醒"。

张之洞出身书香门第,以饱学著称,他认为崇圣礼贤最有效的方法就是读圣贤著作,即所谓"凡学之根底必在经史,读群书之根底在通经,读史之根底亦在通经"。所以他鼓励子弟"唐以前书宜多读,为其少空言耳,大约秦以上书,一字千金"。张之洞希望通过读书来加强子弟的内心修养和道德自律,从而达到格物、致知、诚意、正心、修身、齐家、治天下的境界。

张之洞还要求子女首先要做到"德行谨厚……心术慈良不险刻,言行诚实不巧诈,举动安静不轻浮"。他还教育子女要"砥砺气节,当言则言，当行则行，持正不阿，方可无愧为士"。张之洞对子女的这些谆谆教诲，既有对中国传统伦理道德精华的继承和发扬，又有结合时弊的改造和创新。就人生而言，理论上不失为至理名言，实践中更是待人接物的行为准则，至今仍是有益的借鉴。

张之洞对子女的家庭教育注重的是实际能力和实用知识的培养，他强调教育内容应该重实学，鄙视崇尚浮华、空谈和不谙实务的俗儒、陋儒。他对子女的实学教育大致分为两个阶段，这取决于他对中学和西学地位、作用的不同认识。初期的家庭教育中，张之洞基于"一切学术……要其终也，归于有用"的认识，强调"通经致用"。他反复申明"读书期于明理，明理归于致用"，"读书宜读有用之书。有用者何，可用以考古，可用以经世，可用以治身心三等"。只要灵活掌握经典的精髓，踏踏实实地洞悉物理，就能成国家的栋梁，社会的干才。张之洞勉励后代用功上进，成为国家有用之材。他曾送五子张燕卿留学日本，又根据孙子张厚琬喜动不喜静的性格，为他选择了习武的方向，送他到日本士官学校学习。习武在时人眼中算不上正途，但张之洞教育他："方今国是扰攘，外寇纷来，边境屡失，腹地亦危，振兴之道，第一即在治国。治国之道不一，而练兵实为首端。"习武也是很有前途的，在学校"应努力上进，尽得其奥，勿惮劳，勿恃贵，勇猛刚毅，务必养成一军人资格。汝之前途，正未有限量。国家正在用武之秋。汝纵患不能自立，勿患人之不己知"。

张之洞撰写《续辈诗》，希望后代子孙能够以仁厚治家，以忠良报国，以学识济世，以操守修身，成为对国家、社会和家庭都有益的人。

第二节 清廉节俭的家风

"清"字喻指人本身的品德高尚,张之洞作为清流派的一员健将,"清流"所体现的正是他的品行清高、清正、清雅、清望等。清流党人揭露与攻击的主要是社会政治的阴暗面和一些官僚腐败现象,这就势必要求清流党人无论个人生活还是政治行为都得严于律己,否则就有可能授人以柄,遭到他人的耻笑与非难,从而有损自己"清"的形象。张之洞日后出任封疆大吏,入阁拜相,为官近30年,仕途得意,始终立于不败之地,这与其在"清流"时期养成的这种自律自重的品格不无关系。

张之洞提倡和坚守的勤政为民、尚俭去奢、廉洁自律,与晚清腐败骄奢的官场现实形成鲜明的对比。他之所以能在吏治腐败、贪污贿赂公行的清末官场洁身自好,与其所受的儒家教育及良好的家教、家风等因素密切相关。

张之洞从小就接受严格的儒家教育,其思想打上了儒家思想的烙印,其行为也多是历代"贤臣廉吏"行事的翻新。他说自己的所作所为"要皆儒者之政，儒者之法"。他具有忠君报国的道德观，做一切他认为有益于国家之事，倡一切他认为有益于朝廷之言。

清正廉洁是张之洞的家传美德之一。从家史看，其祖上就有为官廉惠的好名声，祖先张淮曾在明朝任过河南按察使，"以文章忠义有声于时"，其祖上在清朝时有过两位知县，即山西孝义县知县及浙江山阴县知县，张氏"两世为县令，皆以廉惠闻"。张之洞之父张锳，早年丧父，"食贫力学"，对子女管教严格，特别是对寄予厚望的张之洞，不仅礼聘名儒传授经典，而且常以家世及"贫，吾家风，汝等当力学"的言语来勉励他，张之洞自小就在心中埋下廉洁自守、不以贫为耻的种子。

张之洞在出任山西巡抚以前，与以"直言敢谏"为特点，以爱国、抗战及倡导政治清明、改革弊政为政治内容的清流党人过从甚密，由于政见趋同，自然也在清流党人中结交了好友。光绪七年（1881）后，他踏上封疆大吏之路，历任山西、两广、湖广、两江总督。任职期间，他能广纳贤士，广交人才，因其"爱才好客，名流文士争趋之"。

张之洞的清廉事例很多。他常说这样一句话，一个人就是再穷，未必连二三十两银子都拿不出来。他的这句话，说得颇具讽刺意义，因为他就是这样贫困。每到入不敷出的时候，他就令人拿皮箱到武昌维新当铺去典当。张之洞因此成了维新当铺的常客，而维新当铺也立下了一个不成文的规矩：凡是总督衙门的人拿皮箱来典当，每只箱子可当200两银子，不管箱子里是什么东西，也不管箱子里有没有东西，只管按照箱子的数量付足银两就可以了。维新当铺之所以定下这样的规矩，是因为张之洞并不是真想当他的皮箱。只要手头有了银子，他就会把皮箱赎回去。就这样，他当当赎赎，赎赎当当。这在贪污腐败日趋严重的晚清官场来说，实在是一桩奇闻。

光绪二十四年（1898），38岁的张仁权中贡士，赐同进士出身，在户部任职。张之洞望子成才，希望让张仁权到海外一游，可以令他"开扩胸襟，增益不能"。为此，他特意写信给时任广东巡抚的姐夫鹿传麟，希望鹿传麟能给张仁权出一个公牍，派他到西方列国"游历考察武备水师陆军等事宜，学校章程及工商务等事"，并要求声明"该员自备资斧，不领薪水"。张之洞当时正在担任湖广总督，经手选拔官费赴海外游学的青年学子数以百计，加入张仁权一人，可以说不成问题，但他没有这样做。"此举于公事毫无干涉，于他人毫无妨碍，想可行也。"退一步讲，鹿传麟是张之洞的姐夫，托鹿传麟出面委派张仁权一个公差，出洋游历，也是合情合理，但张之洞并未这样做，而只是请鹿传麟出一份公牍来当介绍信。

张之洞一生清廉，做官不用门丁，不收门包。早先他在北京当官，过生日没钱，妻子把衣服当了；到四川当学政三年，离开时没有盘缠，他把书拿到当铺抵押；在湖北，腊月三十没钱过年，他把自己的皮袍拿到当铺抵押；他从武汉到北京入阁拜相，要自己买房子住，但囊中羞涩，向汉冶萍公司打借条借钱购屋。张之洞的幕僚、晚清名士辜鸿铭曾说张之洞"殁后，债累累不能偿，一家八十余口几无以为生"！谢世后的葬礼靠朝廷赏银、门人同僚奠仪才得以顺利举行。张之洞居官40年，位及一品。按清制，一品文官岁俸180两银，京官例支双俸，大学士俸米再加倍支给。即使按正常俸禄计，也算是家道殷实。但是实际上，张之洞辞世后，竟然未留下任何家财，连治丧所需费用也出自门人、僚属。张之洞儿媳刘文嘉在诗中感叹："廉吏子孙贫，家风旧如是。"

《清史稿》本传记载："张之洞任疆吏数十年，及卒，家不增一亩。"张之洞就是这样，虽身居高位却保持廉俭，并言传身教，对子孙后代谆谆教诲。

张之洞为官一生，十分注重官声口碑，维护自己的廉政形象。从抚晋、督粤、经营荆楚，到入职军机，都以干练务实的作风、清廉无私的品性、锐意进取的精神大得人望。作风上的清廉来自思想上的坚定，张之洞之所以能在吏治腐败、贪风盛行、政弊俗污的清末做到始终清廉不染，在民众心目中保持廉洁清正的形象，除了俭约知礼的家风、父亲"贫而力学"的家训和严格正统的儒学传统教育对他人格成长有潜移默化的影响，更重要的是他对廉政兴国、腐败丧邦道理的清晰认识和对自己行为的准确把握。

张之洞深知，"治人必先治己"，只有严于律己，才能"正己率属，上行下效"。以清正廉洁的官风，达到堂堂正正做人的目的。张之洞"服官所到，从不收受属吏馈送礼物"。抚晋时，有人为了"乞在山西听鼓当差"，探知他爱好典籍、古玩，便赠送五种宋经史，张之洞"乃竣却之"；督粤时，端溪砚停产多年，他支持商人何昆玉开采，收效颇丰；督鄂时，商人曾"寄十方"砚台给他，张之洞付"时价每方二十金"；暂署两江总督时，一巨商想在海州开矿，便以送寿礼为名送给张之洞白银20万两，被他断然拒绝，并将引见巨商的官员贬官处置；在两广总督任内，他紧闭辕门拒绝生日寿礼；广东海关原每月要送3000两公费银作为总督私有，他到任后，将此款按月存入善后局作为专款，后来他用这笔款修广雅书院，救济灾民，施与贫困的亲友和幕僚。

张之洞一生手中过银千千万万，晚清制度松弛，吏治腐败，张之洞若稍有私心，聚敛财富并不是件难事。但张之洞居官"四十余年，乡里未造房舍、置田产"。1897年，他省亲祭祖，皇帝赐银5万两，他用此款和"平日廉俸所余"，为家乡修建了一所学堂，"并捐置庄田，为常年征费"。他去世后，囊橐萧然，且不说"为子孙后辈计"，连治丧所需费用，也是门人、僚属的赙助。和他会谈过的传教士杨格菲评价张之洞"不是中国人物中最伟大的，也是一个了不起的人"。

"公正""勤勉"是一种行事准则，每个人都应当有自己的生活境界和行为境界。公私分明，公而忘私，是做人的基本境界之一。综观张之洞的一生，确如他自己所言，"私利不可讲，而公利却不可不讲"，他在明于公私之分、公而忘私方面，确实做到了严于律己，终生不渝。这在贪赃枉法、贿赂公行的晚清政坛中，尤显可贵。

张之洞一贯主张"任人者治""凡百政事，皆须得人"。他任用属员的首要标准是人品、气节，这也是辜鸿铭认为张之洞作为"儒臣"而与曾国藩、李鸿章等"大臣"相区别的根据之一。张之洞笃信"修己以安人""其身正，不令而行"的先儒教诲，认定"官无瑕疵，四民自然畏服"，他号召士子们廉正无欲，行清正廉洁之风。

这种清廉节俭的家风，张之洞也尽力传承给自己的后代。他在给孩子的书信中强调"勿惮劳，勿恃贵，勇猛刚毅，务必养成一军人资格"。他还告诫儿子在国外留学也要节俭开支，不能铺张浪费，"非遇星期，不必出校。即星期出校，亦不得擅宿在外。庶几开支可省，学业不荒"。其嫡孙女张厚粲追忆祖父亦说，家族以耿直清廉为训，"祖父老家在河北南皮，当时祖父主张兴修铁路，就是不同意把铁路修在老家。掌管铁路修建的官员纷纷把路线往自己老家'引'，而张公却偏偏避开自己的家乡，以明其廉"。

第三节 "三不争"信条

"争"与"不争"是一门大学问,被称为晚清四大名臣之一的张之洞,曾为自己立下"三不争"信条:"一不与俗人争利,二不与文士争名,三不与无谓人争闲气"。他追求"不争"之境,但他又力"争"于世,这是他的"争"与"不争"之境界。

张之洞非常欣赏袁世凯的才能,曾向朝廷力荐,对袁世凯有知遇之恩,但后来厌恶袁世凯的圆滑奸诈,始终不愿同他来往。有一次,袁世凯为了感恩,特地绕道南京来拜访时署两江总督的张之洞,以示谢意。他正与张之洞闲谈之时,张之洞却伏案假寐,不知不觉地靠在椅子上睡着了,袁世凯自觉无趣,只好怏怏离去。光绪二十九年(1903)四月,袁世凯得知张之洞将奉旨进京,便邀他路过保定时下榻于直隶总督府衙。张之洞到保定时,袁世凯亲自率百余将吏迎接,并在总督府设宴。入席没多久,张之洞便倚案垂首,鼾声骤起。张之洞素来有"兴居无节,号令不时"的毛病，作息时间很紊乱，这已经成为官场内公开的秘密了。袁世凯虽然早有耳闻，但心里仍大为不满，总觉得张之洞是故意跟自己过不去，数月之后，与幕僚言及此事，仍耿耿于怀。后来，两人调入军机处共事，袁世凯想随时得知张之洞的动静举措，便在自己宅邸的隔壁为张之洞安排了一处寓所，然后派人暗中监视张之洞的日常会客情况，想抓住对方的把柄。事情暴露后，张之洞没有找袁世凯理论，也没有在背后参他一本，只是悄悄搬家，就当什么都没发生。

袁世凯却不顾旧日情面，逮着机会就抨击张之洞。一次，他在接见德国驻京使节时，居然毫不避讳地说："张之洞是讲学问的，我不讲学问，讲办事。"这话传到张之洞的幕僚耳中，大家纷纷为张之洞打抱不平，大骂袁世凯忘恩负义。张之洞却一笑了之，道出了自己"三不争"的信条。

不与俗人争利，就是不与凡夫俗子、平庸粗鲁之辈争权夺利，落入下流。张之洞自视甚高，严以律己。深知"利"字身边一把刀，为官之道，应该清正廉明。故此，他对钱财势力看得甚淡，更不喜好参与官场争斗。

张之洞重视教育，故不与文人争名，这也是对文人儒士的尊重。可以说，他理解文人成名的苦心。他知道文人墨客外表看起来懦弱，但却有雄心壮志。当然，这里所说的不与文人争名，除了尊重文人，还有另外一层含义：张之洞拒绝庸俗文化现象——沽名钓誉。他对不学无术的所谓文人深为不齿。

不与无谓之人争闲气，所谓无谓之人，就是闲人也。旧中国的一些闲人，往往已经接近甚至等同于小人范畴。身为晚清名臣，张之洞一生为国家朝廷奔忙劳碌，自然不会有闲情逸致与平庸之辈、无谓之人为伍。在他看来，无谓之事就是朝臣之间的权势与人脉争斗，他把这些斗争视为无谓之争，把此类人视为无谓之人，把此等气视为闲气，这是他的人生境界。张之洞号"无竞居士"，晚年又号"抱冰"，可见他能够清净自守，心安于自然。

此三类人，各有各的特点，或者说各有各的弱点。避开他们的弱点，不与其相争，自然便能够少了很多俗事打扰，少了很多烦恼，落得耳根清净，心灵宁静，自然有时间、有精力做很多正事。然而，身居高位却洁身自好如此般者，何其少也！要想避开此三类烦恼，何其难也！

张之洞作为重臣活跃于晚清官场几十年，他心胸豁达，与世无争，这就是时人口中所说的"书生习气"，与李鸿章、袁世凯之流截然不同。李鸿章曾经一度讥讽张之洞："张督在外多年，稍有阅历，仍是二十年前在京书生习气，盖局外论事易也。"张之洞的书生习气不免"书生大言"，但其中展现的与世不争的情怀确实是清末官场中难能可贵的，这也是张之洞引以为傲、垂教子弟的一个方面。在对子弟的日常教育中，他屡次告诫后人"度德为进退，相时为行藏"，要精于审时度势，以为进退之据；因时、因地制宜，以为行事之规，要灵活变通，不能争强好胜，一意孤行。

在给朋友的信中，他这样解释"鄙人自处之道"："无台无阁，无湘无淮"，即从来不拉帮派，不结团伙。君子和而不同，群而不党，关键在于"独立"人格。张之洞一向坚持独立，所以既能和又能不同，既能群又能不党。他认准的办事规则是：

从来举大事者，必须毅然担当，不计小利小害，乃能成功。

力所能为者必应决计速行。

>天下艰巨之事，成效则俟之于天，立志则操之在己，志定力坚，自有功效可睹。

凭借官场沉浮几十年积累的政治经验，张之洞总是将实现既定目标的坚定性与手段的灵活性结合起来，排除万难，争取成功。他曾经总结自己"所办之事皆非政府意中欲办之事，所用之钱皆非本省固有之钱，所用之人皆非心悦诚服之人"，但是所办各事竟能成功，"真侥幸也"。这当然是张之洞的自谦之辞，办事成功则是不争的事实。

"三不争"显示了张之洞的度量，正是因为不争，他才能聚集大量的人才，才能专心做实事，最终成为受人尊敬的一代名臣。

第四节 临终前的遗嘱

在人生的最后阶段,张之洞抚慰家人说:"吾无甚痛苦也……人总有一死,你们无须悲痛。吾生平学术、政术,所行者不过十之四五,所幸心术则大中至正。复改政术二字为治术。为官四十多年,勤奋做事,不谋私利。到死,房不增一间,地不加一亩,可以无愧祖宗。"张之洞以身作则,用自己勤奋清廉的一生,为子孙后代树立了榜样。

张之洞为官40余载,勤奋做事,不谋私利。张之洞曾嘱咐后辈:"兄弟不可争产,志须在报国,勤学立品;君子小人,要看得清楚,不可自居下流。"意思是兄弟之间不可因为争夺财产而不和睦,要立志报国,勤奋学习,树立良好的品格;与人交往的时候,要看清对方的品行,辨清君子小人,不能和小人同流合污。要求孩子们不要把钱财田产看得太重,而是要勤学修身,立志报国,分清君子小人,不能自甘堕落。再次强调了齐家、报国、立业、修身的重要性。为了让孩子们牢记教诲,张之洞让每个

修葺一新的南皮张公祠

孩子都在他的病榻前把这段话熟记成诵。

张之洞虽然深爱后辈,但他决不溺爱后辈,他有严格的治家规矩。张之洞很欣赏古人的这段话:"教子弟于幼时,便当有正大光明气象;检身心于平日,不可无忧勤惕厉功夫。"在后辈幼小时,就应培养他们具有宽宏、正直、磊落的气魄,在平时的生活中应随时反省自己的言行,不能没有自我督促的精神和身体力行的修养。他常说:"为师者,传道、授业、解惑。传道是根本,所传之道,就是光明正大之道,就是教人刚直不阿、宽宏大度、堂堂正正地做人。长辈教导晚辈也应以此为根本。""清流"出身的张之洞以身作则,并严厉告诫家人,凡不义之钱财货物,一分一毫不能收受,要有良好的教养,要堂堂正正地做人。

张之洞为官清廉,很在乎自身名节,当时有人说,张之洞有一个最大的美德令当朝官员难以望其项背——廉洁。遗嘱中的"到死房不增一间，地不加一亩，可以无愧祖宗"是他廉洁自律的真实写照。张之洞以身作则，用自己勤奋清廉的一生，为子孙后代树立了榜样。

第五节　家族人才辈出

张之洞深知"国之本在家，家之本在身"，他在从政过程中，用自己的经验和智慧，身体力行去实践和创新张氏家风。张之洞历经坎坷科举、各地学官、翰林学士，最终成为国之柱石、洋务健将，他始终高度重视子女教育，并且坚持言传身教。在他的教育和影响下，张氏后代人才辈出，家风绵延后世。

一、张仁权支系代表

（1）张仁权。原名张权，张之洞的嫡长子。咸丰十年（1860）张之洞原配石夫人生张权于河北南皮，引用《论语》里的"可与立，未可与权"，字君立，意思是自立于权衡乃为人处事的最高准则。号圣可，晚号可园、柳卿、孙卿、均公。少承门风，以名节自励，随父任历各地，颇知当世之务。因张之洞后来撰写《续辈诗》，张权按谱改名为张仁权。

张仁权是光绪十七年（1891）辛卯科举人，于光绪二十一年（1895）与康有为等人在北京成立强学会，并列名"公车上书"。光绪二十四年（1898），38岁的张仁权中贡士，赐戊戌科同进士出身，签分户部任职。张之洞望子成才，希望张仁权能到海外一游，开阔胸襟，增长见识。后随梁诚出使美国，担任驻美公使馆参赞兼留美学生监督。光绪三十一年（1905）回国，补任礼部郎中。光绪三十三年（1907）调任外务部丞参上行走。

张之洞病逝后，张仁权被恩授四品京堂，诰授资政大夫二品衔。及其服孝期满时，正值辛亥革命爆发，遂家居不复入仕，闭门读书。他生平无书不读，尤精通训诂之学。继承家教家风，又工篆刻书法，擅长金石书画的鉴定。著有《无邪堂诗钞》传世。

（2）张厚璟。张之洞的孙子，张仁权的长子。字道孙，光绪乙酉科拔贡。宣统元年（1909）八月二十三日内阁奉上谕"伊孙选拔生张厚璟，著赏给主事，分部补用"。因此，他开始以恩荫入仕。先后任农工商部主事、内阁统计局办事员、汉口大清银行清理员，民国元年任宜昌榷运局长、鄂岸榷运局局长、湖北官银局会办。

民国4年（1915），张厚璟被民国政府任命为奉天财政厅厅长。时任奉天将军、巡按使的段芝贵拥护袁世凯称帝。段芝贵为鼓吹袁世凯称帝，在省城召开奉天国民代表大会，为取悦于袁世凯积极活动。10月22日，段芝贵委任奉天财政厅厅长张厚璟为东三省官银号总办。由于奉天省财政困难，张厚璟主持发行公债150万元，"备以偿还外债及振兴实业之用"，此举与张之洞在督粤期间的举措有异曲同工之妙。奉天政治研究所开办并启用关防，该所以"培养吏才，讲求政治"为宗旨，张厚璟被选为该所会办。张厚璟受祖父张之洞的影响，在当时复杂的时代背景下，坚持正统的儒家思想，处理好官民、满汉、内外各方面的复杂关系。在任期内，他两袖清风，生平清廉而好施予。

民国6年（1917），国务卿徐世昌签署大总统策令，任命张厚璟为浙江省财政厅厅长。张厚璟在任期内不幸英年早亡，年仅38岁。

张厚璟之所以有这般坚定的意志，固然是和他自身的品格有关，但也与他自小接受的儒学教育分不开，尤其是在祖父张之洞的熏陶下，一切施政以国家利益为出发点，这就是张之洞所说的"私利不可讲，而公利不可不讲"。

二、张仁颋支系代表

（1）张厚琬。张之洞的孙子，原是张仁权的第三子。又名厚婉，字忠荪，1886年出生于湖北武昌。由于张之洞的次子张仁颋早逝无后，因此将张厚琬过继承嗣。张厚琬喜欢习武，不喜欢读书，张之洞将其送到日本陆军士官学校学习军事，1908年初由湖北总督署保送日本留学，先后入东京振武学校完成预科学业，继入陆军士官学校学习炮兵，并顺利完成学业。

张厚琬不负众望，1910年毕业归国后，任保定陆军速成学堂炮兵科教官，后任直隶总督署新军编练处教练官、参谋处科长，保定陆军军官学校炮兵科科长等职。

1912年3月任北京政府陆军第八师直属炮兵第八团团长，率部驻湖南常德地区，不久任援鄂军广西新军桂林陆军混成协炮兵第八团团长，被北京政府陆军部授予陆军炮兵上校军衔。同年5月所部改编为江宁陆军第三军第八师，仍任援鄂军第八炮兵团团长。

1914年5月被袁世凯聘任陆海军大元帅统率办事处参议。

1919年春任冯国璋总统府高级参议，同年12月任北京陆军大学教育长等职。

1921年春受张作霖聘任东北巡阅使署参谋处处长。

1922年6月任东三省保安司令部参谋处处长、镇威上将军公署参谋处处长等职。

1924年春被北京政府陆军部授予陆军中将军衔，直奉战争奉军胜利后，随军占领北京。同年11月任北京政府陆军部常务次长，后因病辞职。

1926年2月任东三省保安司令部高级参议，同年7月被北洋政府任命为航空署督办等。

1926年8月任东北陆军讲武学堂北京分校教育长。

1927年春，因奉军战败于北伐的国民革命军，随部返回东北。同年秋起任东北陆军讲武学堂教育长等职，受张学良委托支持东北军军官训练事宜。

1929年10月任哈尔滨特区长官公署路警处处长、东北中东路护路司令部铁路警备处处长等职，参与中东路事件，与苏联远东军事当局谈判事宜。

1931年九一八事变后，随东北军入关，任军事委员会北平军政分会高级参议等职。

1932年2月任南京国民政府军事委员会高级参谋，兼任南京陆军大学训练教学委员会委员等职。

1934年11月至1935年6月任河北省政府委员,兼任民政厅厅长等职。

1935年中日《何梅协定》签订后,南京国民政府屈从日方要求,撤换河北省政府主席于学忠,6月由其以民政厅厅长代理省政府主席职务,不久免职寓居。1936年11月被授予国民革命军誓师十周年纪念勋章。

(2)张遵骝(1916-1992),张仁颋之孙、张厚琬之子。1940年毕业于西南联合大学哲学系,历任华西大学、金陵大学、复旦大学讲师、副教授。

20世纪50年代,范文澜先生编撰《中国通史》时,特从复旦大学把张遵骝先生调到中国科学院近代史研究所,协助他编著《中国通史简编》《唐代佛教》等。张遵骝先生所编制的《隋唐五代佛教大事年表》很有文献价值。牟宗三先生在《五十自述》中多处提到张遵骝先生。牟先生这样描述张先生:"遵骝,张文襄公之曾孙,广交游,美风仪,慷慨好义,彬彬有礼。家国天下之意识特强,好善乐施唯恐不及,恶恶则疾首痛心。"他的学术风范、家国情怀颇有张之洞之风。

三、张仁蠡支系代表

张厚粲,张之洞的孙女,张仁蠡之女。1927年4月生于北京,现任北京师范大学心理学院教授,身兼国务院参事以及多个国内外学术组织职务。

1942年,年仅15岁的张厚粲考上了远在上海的震旦大学。但由于一年后日军侵华轰炸上海而回到北京。后燕京、北大、清华南迁云南组成了西南联大,她选择考辅仁大学。

1948年，张厚粲以优异的成绩从辅仁大学心理系毕业并留在母校任教。

1979年，张厚粲开始在北京师范大学教授心理学。

1984年，中国心理测量专业委员会宣告成立，张厚粲被推举为委员会主任，并荣获"中国心理学会终身成就奖"，被评为"全国优秀科技工作者"。

张厚粲是中国心理学的奠基人之一。在传统儒家教育和西方教育有机结合的家庭教育环境下成长起来的张厚粲，极富性格魅力。虽然张厚粲并未见过祖父张之洞，但她始终未敢忘记自己张之洞后裔的身份，多次专程前往贵州、湖北寻觅先辈足迹。

参考文献

[1]冯天瑜,何晓明.张之洞评传[M].南京:南京大学出版社,1991.

[2]李细珠.张之洞与清末宪政研究[M].上海:上海书店出版社,2003.

[3]张建安.张之洞传奇[M].北京:中国人民大学出版社,2003.

[4]梁启超.清代学术概论[M].上海:上海古籍出版社,1998.

[5]蔡振生.张之洞教育思想研究[M].沈阳:辽宁教育出版社,1994.

[6]胡钧.张文襄公年谱[M].北京:北京天华印书馆,1939.

[7]马东玉.张之洞大传[M].沈阳:辽宁人民出版社,1989.

[8]苑书义,秦进才.张之洞与中国近代化[M].北京:中华书局,1999.

[9]唐上意.中法战争与张之洞[M].广州:暨南大学出版社,2004.

[10]苑书义等.张之洞全集[M].石家庄:河北人民出版社,1998.

[11][美]费正清.剑桥中国晚清史[M].北京:中国社会科学出版社,1993.

[12]王维江."清流"研究[M].上海:上海书店出版社,2009.

[13]吴剑杰.张之洞的升迁之路[M].武汉：湖北人民出版社，2005.

[14]孙广权，孙建.南皮香帅[M].北京：中国华侨出版社，2004.

[15]黎仁凯，钟康模.张之洞与近代中国[M].保定：河北大学出版社，1999.

[16]黄新宪.张之洞与中国近代教育[M].福州：福建教育出版社，1991.

[17]张之洞.书目答问校补[M].贵阳：贵州人民出版社，2004.

[18]郭晶.张之洞[M].郑州：大象出版社，2009.

[19]陈学恂，田正平.中国近代教育史资料汇编——留学教育[M].北京：人民教育出版社，1991.

[20]石泉.甲午战争前后之晚清政局[M].北京：三联书店，1997.

[21]谢放.中体西用之梦[M].成都：四川人民出版社，1995.

[22]黎仁凯，等.张之洞幕府[M].北京：中国广播电视出版社，2005.

[23]辜鸿铭.张文襄幕府纪闻[M].长沙：岳麓书社，1985.

[24]张连起.清末新政史[M].哈尔滨：黑龙江人民出版社，1994.

[25]张家珍.旧朝新声张之洞[M].台北：台湾理得出版有限公司，2004.

[26]熊月之.西学东渐与晚清社会[M].上海：上海人民出版社，1994.

[27]毛礼锐.中国教育通史[M].济南：山东教育出版社，1988.

[28]陈锋，张笃勤.张之洞与武汉早期现代化[M].北京：中国社会科学出版社，2003.

[29]萧功秦.危机中的变革——清末现代化进程中的激进与保守[M].上海：上海三联书店，1999.

[30]郭世佑.晚清政治革命新论[M].长沙：湖南人民出版社，1997.

[31]张继熙.张文襄公治鄂记[M].武汉：湖北通志馆,1947.

[32]苏云峰.张之洞与湖北教育改革[M].台北:"中央研究院"近代史研究所,1976.

[33]唐上意.中法战争中的张之洞[J].历史研究,1983 (5).

[34]黎仁凯.张之洞与晚清政治[J].河北学刊,1997 (5).

[35]冯天瑜.张之洞与戊戌维新[J].清史研究,1999 (1).

[36]石培华.张之洞的洋务实践及其思想[J].江海学刊,1999 (1).

[37]王维江."清流"张之洞[J].社会科学,2008 (1):143—154.

[38]任放.近百年张之洞研究述评[J].近代史研究,2003 (2):236—275.

[39]方秋梅.张之洞抚晋时期的政治取向[J].山西大学学报,2003 (4):117—121.

[40]廖宗麟.中法战争期间的刘永福与张之洞[J].学术论坛,1992 (1):104—108.

[41]兰淼.中法战争时期的张之洞[J].安徽文学,2008 (10):205.